Тања Крагујевић
ТРЕПЕТ И ЧВОР

Рецензент
ЈОВАН ХРИСТИЋ

Ликовна опрема
АЉОША ЛАЗОВИЋ

Илустрација на корици
Розета. Кула манастира Жиче. Копија оригинала из XIV века,
у моравском стилу, од беловодског камена, аплицирана 1935. године

Тања Крагујевић

ТРЕПЕТ И ЧВОР

Књига читања 2

РАД

Волим све што ме увећава.

Рејмонд Карвер

Други су толико занимљивији.
За кога бисмо се иначе интересовали?
Чак и у себи?

Жак Дерида

Механизам који се осмехује

Пустоловина звана Дело, иако заснована на имагинарним поставкама, има своју реалност. Свет знакова учинио је њену грађу од једнако неухватљивог колико и отпорног материјала.

Рађамо се у кошуљици невидљивог искуства, у неодгонетнутим слојевима различитих писама утиснутих у кожи. Ко би икада могао до краја докучити талог нанесен златним песком – гласовима које смо слушали, а који превазилазе и нашу и своју прошлост? Писање почиње рашчитавањем невиђеног и невидљивог насељеништва у нама – једној тек сићушној постаји временског номадства у повести знакова – номадства које и сами настављамо, обликујући га гласом у успаванке или анегдоте, док саучесништво у искуству разбољеног доба, које исказујемо тамним хумором или тужаљком, наставља да живи у скривеној меморији оних којима их поверамо, као привидно *нови* и привидно *само њихов* особни знак.

Није ли онда почетак нашег властитог писма вид извештаја о тајанственом животу ледених брегова који испливавају из мора тишине у којој, безгласно и непризнато, већ живе гласови уплетени у облике наше свести. „Књижевност је створена на размеђу сопства и света, при чему се у чину тог стварања ова граница смекшава, постаје проходна, допушта свету да струји у уметника и уметнику да потече у свет“, пише Рушди у тексту чији ми је и сам наслов драг јер гласи: „Хлеб и књиге“. У међувремену је за писце свет нестао, једва да се назире као прошлост света, санта уроњена у таму, као *крхотина извесности*, несаница из које се рађа прича о могућностима облика, у безмерном пространству своје сада већ примарне *другости света*. Не извирући више из доживљаја целине, стваралачка жудња урања *у хипотетичку целину, атлас сећања и каталог модела*, у нову повест облика, недовршену у оној мери у којој ниједан путопис чудесне реалности Дела није коначан и завршен, и као нова калеидоскопска збирка крхотина продужује свој век као могућност памћења и трајања, у јединој историји коју има, у сопственом језику.

А механизам обнављања неопходности и снаге облика, *животна* је инспирација, по Хамвашу, налик највишем облику интелигенције, интелигенције тела, мудрости хода, спремности на нешто ново што ход хоће да окуша. „Богатство облика је многосмерност жудње за животом која се у њој латентно налази.“ У овом цитату налазим једну од

оних спрега које чине збирну тачку стилских одредница у хетероно-
мији књижевности којом нас је обдарила завршница века, и која ипак
чини могућом игру трепета, трајање (макар и са измењених подлога и са
новом заштитном маском на лицу, или са новим наочарима које нам ну-
ди) једног од могућих идеала Дела – естетичко самеравање снага за оп-
станак у нади. У њему налазим и властити претекст за неуспостављање
хронолошких или жанровских етикета и омеђења у жудњи за лепим,
естетици која, овога пута стварана и комбинована лектиром, наткри-
љује катастрофичност живљења, уписујући се и са друге, читатељске
стране, у авантуру Дела.

Ако та пустоловина, као извештај из једне стваралачке лабора-
торије, никад довршена ни завршена, судбину једног од бића културе,
читаоца, чини „огранком исте стваралачке егзегезе која је у току“,
како вели Дерида, чинећи га заправо *обрисом и памћењем* записаним у
култури тела, оно управо стога „не може бити дивља нити обична при-
рода, а ни природа супротстављена култури“. Деридине *укрштенице
лектире, наборе, смицалице, референце које имамо у својој кожи*, сма-
трам својим телом и узимам на себе, као једну од својих природних
кошуљица, могућност њиховог поновног исписивања.

„Човек пише онако како уме и може“, каже један од наших нај-
врснијих читача, Јован Христић. „Тачније речено, пише онако како
живи. Мислим да књиге, што ће рећи читалачки доживљаји, јесу део
нашег живота, исто онако као што су и други доживљаји, природе или
љубави део нашег живота. Зашто да их се одричем у писању?“

Утолико пре, додала бих, што у временима различитих глади
каквим нас историја вазда обдарује, она коју не можемо затомити је-
сте глад за писмом, која књигу-објекат чини не само оброком који се,
за разлику од обичног не да прескочити, већ и делом недостајућег пеј-
зажа, или разговора са одсутним и расутим пријатељима. Живом и бив-
ствујућом природом, наиме – од које смо нераздвојиви.

А размеђа сопства и света и у читалачком доживљају као и у
стварању, претопљена је у јединствено, пулсирајуће ткиво текстуално-
сти и залог је згуснутости која као да надокнађује и превазилази све
стварносне разједињености. Стапање жанрова пак, у савременом пи-
сму, разуђеном хетероклифијом изоштрава и појачава свест о књижев-
ној квинтесенцији, што, мењајући облике, остаје увек и заувек иста, и
задобија вредност и одсјај непатвореног и непролазног поетског ква-
литета. Свет изникао под куполом стваралачке реторте, у размерама
неомеђених усамљеничких кушања облика, установљених стварала-
чким ритмом и бојом пнеуме, постаје најузбудљивија и најубедљивија
искуственост, и у суштини, најлепше лице света.

„Само живљење није довољно...“ стоји у једном стиху Џона Ешбе-
рија. Књижевна квинтесенција искуствености, истовремено је у искус-
тву и ван њега, а „осећај живљења“ који се од Дикинсонове пренео и уз-
дигао као фосфоресцентно метафизичко својство животног писма
учитаног у поетски текст карверовских *могућности истине*, развија се

као метафора заталасане површине вида, узнемирености која својим унутарњим трепетом милује светлост, „многоусти живот“, као одблеске на води. Од Однове поезије пак као игре знања, „рађања спознаје о емоцијама и њиховима скривеним односима тиме што се именују“, преживела је изразита свест о нужности *игре знања.* Пред рушевинама свих извесности, именовање није довољно, оно тражи захвате једнако страшне и благородне каква је прошлост поништења и гашења, и какви су, такође, нада и пад у облик.

> *Страшна је света служба*
> *страшне неоиходне мере*
> *смицалица смакнућа, бол и механика*

читамо у стиховима Новице Тадића. Бол и механика, дакле, „благословене структуре“ и издајништво муза, грађа из снова, текстови измаштаног писма, истинитост оне руке што умешна је руковању измишљеним јер је и сама до нестварности сржна:

> *Истинску руку не пружам..*
> *Њоме додирујем једино речи,*

како је писао Никита Станеску.

А затим, ту је и читава плима неистражености коју уводи списатељска сумња, она страна писма које познаје непроцењиву вредност тишине. Јер *Поезија не бира / увек форму /песме... Понекад она узима облик /уста / гнезди се у ћутању,* каже Ружевич. Али и то је игра. Та неповерљивост спрам говора као основне списатељске жудње, и сама у суштини није друго до вид заљубљеништва у језик као завичајни дах писма који *поетски дискурс* чини заједничким поезији и прози, сведочећи о заједништву магичне снаге говора тишине која избија из самог постојања, из самих ствари , али и из евокативне енергије *знања речи* и њихове тајне мелодије која казује више уколико нарацију храни оним јединственим, неразбијеним набојем поетске матице говора, чему је посвећена узбудљива „Песма о певању“ Горана Петровића, у фрагменту његове прозне књиге *Атлас описан небом:*

Могу ти причати о многим местима Света. Где све грлице са мога шала нису слетеле. Како је тешка вода светих река. Какво је море сићушних рибарских села. Зрно песка пустиње. Чиме се одликује поглед са глечера. Зашто се у степи влат траве чини стаситијом од бора. Има ли више неба ту или тамо. Колики си међу сводовима ведре ноћи. И где да расташ до Великих Кола. Могу ти причати о многим местима Света. Али боље ћеш схватити ако ти певам.

Преведем ли ту магију на језик поетичких истраживања, фасцинација ми се неће чинити ништа мањом, само ће ми њена имагинарна снага изгледати, разјашњенија, продубљенија и реалнија. У *Општој ре-*

10

торици Групе μ*, која, полазећи од структуралне лингвистике, поново актуализује реторику али у новој „трансреторичкој функцији“, као утоку поетике – задатак да се утврди не само ефекат и вредност језичких промена у поетском исказу, односно, ниво промене који оправдава успелу фигуру, већ много више, њену укупну *естетичку* прихватљивост – поетски говор кристалише у светлу које ми се чини и блиским и актуалним. Бирам један од многих инспиративних углова овог разматрања:

Оно што карактерише поетски дискурс јесте да он не говори о стварима. Поезија је сва у речима (облику и смислу). Поетска интенција се манифестује брисањем ствари од стране речи.

Реторичка фунцкија има за циљ ефекат реификације говора. Писац не користи фигуру, он је живи. Није реч о томе да он украшава причу, већ да омогућава постојање говора без јамства ствари. Само фигура, у уопштеном смислу којој јој овде дајемо, јесте у стању да омогући тај циљ. Додатне структуре нису дакле чврста присила и сметња већ једини начин да се говор окрене од своје утилитарне улоге, оно што је први услов његове метаморфозе у поезији. Метаболама се књижевни говор затвара у себе сама.

Надграђујући или поновно изграђујући свет, проза и поезија уједињене у једином ослонцу и највишој нади постају у најбољем смислу речи *уметност речи*. Јамац властите истине. Истражујући стога језик дела, његове тајне, чак и кад измичу, чине ми га у основи ближим. Јер је дело заправо тај говор. У њему је нескривена интима, рађајућа топлина, неизвесност и присност, грч и дрхтај, чак и када су нам сва његова могућа значења недоступна. Али у њему је такође и онај надмоћнији смисао, који надвладава елементараност као тајни закон реда, апстрактнији и невидљивији, иако и сам суштаствен, јер без њега не би било целовите али и управо само том делу својствене, аутохтоне природе. Једно без другог је недовољно, и немогуће, неуређено и неусклађено, као тело без душе, али и обратно, наг костур од жице без топлине глине. Заједно чине живо биће дела, и не знам срећнији назив за ту магичну склопку од песничог, понуђеног Дојнашевим стихом који гласи: *механизам који се осмехује.* Нити лепшу параболу о два незамењива подупирача стварности измаштаног од приче којом Марко Поло описује Кублај Кану камени мост, у Калвиновим *Невидљивим градовима:*

– Али који камен држи мост? – пита Кублај Кан.
– Мост не држи овај или онај камен – одговара Марко – већ лук који они чине.

* *Rhétorique générale.* Par le group μ (J. Dubois, F. Edeline, J. M. Klinkenberg, P. Minguet, F. Pire, H. Trinon). Librairie Larousse, Paris, 1970, p. 27.

Кублај Кан ћути, размишља. Затим додаје:
– Зашто ми говориш о камењу? Само ми је до лука стало.
Поло одговара: – Без камења нема лука.

Преводиоци имају обичај да истакну како нико не може боље од њих упознати неко дело, будући да их њихово послање уводи у тајне овог механизма чији осмех и складно деловање незаметљивим оставља чворне тачке, несигурности и тражења. Слично је, рекла бих, и са онима који о делу пишу или га тумаче. Могу заборавити годину рођења неког писца, можда чак и тачан назив књиге – што се, уосталом, да проверити. Али упознати *механизам који се осмехује*, распознати или бар наслутити шта изнедрује његов осмех, значи упамтити и са собом можда и заувек носити мирис стваралачког опита из његовог најдубљег језгра и из његове најтананије пути. Бити очевидац невидљивог и невидљиви учесник у неизбрисивом.

Бити уосталом, неко други. У мноштву облика изабрати многе, као своје поистовећење са другим. Читалачки кључ ових написа, и јесте, рекла бих, у обједињењу несличности, једном од модалитета успостављања читалачког *јединства у нејединству*. Распознавајући гласове који су различити од мог властитог, другачији, они којима не пишем ја, или који не саопштавају мене, већ моју другост, другојачијост, допирем до сопствених неостварености и компонујем духовну потпуност која ме оснажује више но чисти знак подударности, јер можда управо и без моје воље успоставља нови хоризонт, нови круг очекивања тек уписан у кожи.

Ако је укрштеница лектире наша природа, она по закону природе може остати и наша тајна, необзнањено, тихо усвојено искуство. Можда сам га неком другом алхемијом могла претворити у мајдан ћутљивих сензација. Могла сам, можда, исто тако, свој доживљај књиге као сведочанство о *једној могућности истине* сачувати уписано у меморији тела.

Дабоме да сам могла.
Али нисам могла.
Зато је читање једна од могућности писања.

Земун, јуни 1995.

*Зашто ми говориш
о камењу? Само ми је
до лу̂ка стало.*

ЗЛАТНА ПОДЛОГА: ОДАКЛЕ ЈЕ СВЕ КРЕНУЛО

Злашна ѓреда Стевана Раичковића

Целокупни песнички опус Стевана Раичковића синоним је лирске поезије најаутентичнијег и најплеменитијег кова. О томе сведоче, разуме се, понајпре његове песничке збирке, потом и препеви, али и књиге које нису непосредно исписане стихом (*Пор̄шре̄ши ̄песника, Дневник о ̄поезији*, на пример). И када говори о свом поимању поезије, или о стваралаштву других песника, Раичковић и нехотице разоткрива *своју* песничку природу, њену једновремену стаменост и унутарњу разуђеност и суптилност.

Тако понегде у *Дневнику о ̄поезији* (1990) блесне и који тренутак из његове властите радионице, сведочанство о неком до тада од читаоца скривеном догађају који је претходио песми. Један од таквих је и запис „Догађај у травњаку“:

„Опажам, готово свакодневно, како се моја списатељска концентрација све више окреће уназад, са нескривеном тежњом да неке, интензивније доживљаје из прошлости, само фиксиране у свести, овога пута (док не буде и сувише доцкан) покрије и писаном речју. Свеједно у ком облику... у слободном стиху, есејистичкој белешци или прозном запису“, вели Раичковић, да би прелетом мисли дошао управо до једног таквог доживљаја – првог великог, у ствари преогромног доживљаја *с̄шраха ̄под звездама*, који га је задесио усред познатог градића његовог детињства:

„Осећао сам се сићушним и изгубљеним пред тим амбисом – час недокучивим смислом, час опасним хаосом – у који је први пут била уплетена и моја беспомоћна (дотад само у дубини мене шћућурена) мисао(...). Чини ми се да је то била моја прва песма, коју сам – за разлику од свих оних каснијих које сам и написао – доживео апсолутно читавим својим бићем... и одакле је све кренуло.“

Та потреба враћања уназад, обасјању нечега што је одредило *чӣшаво биће* и што призива кристалну куглу памћења и речи, као и сама магма што покреће доживљај који, и лишен речи, интензиван и бићу раван, јесте идентичан *суш̄шини ̄пое̄шско̄ѓ*, и пре но што се она исказала, тај зачетак и предуслов поетског у раном доживљају света и његовом накнадном осветљењу, то је *Злашна ѓреда* – „одакле је све кренуло“.

Тако ће читаоци који су за свагда упамтили стихове *Камене успаванке* (*На самом тргу – никог, па ни трга...*) у *Златној греди* открити и читав *град*, једно од најзначајнијих места из сеоба породице Раичковић – где ће, са таванског прозорчића основне школе, песник угледати све што је потребно да се начини слика првог одређења света: распоред варошких улица, сат Градске куће, са његова четири једнака лица, окренута на четири стране света. Техником записа, у којима се смењује неухватљивост расположења и дечијих причина са јасно скицираним портретима упамћених ликова суграђана, гради се књига прозе која је у суштини исто толико и књига поезије. Доживљај озарења открићима света око себе, тихе фасцинације (изванредни портрети „највећег пушача", загонетних станара улице Златна греда, као и девојчице са виолином, чија нестварна плаветност у дечачким сензацијама прераста у чист звук) попримаће све изразитији и одређенији печат самоспознања, а потом и оног веома специфичног самоосећања, чије је средиште рањиво издвојена природа уметничког: доживљаја *присуства у свему* али истовремено и огромне *усамљености*, која све упија, бележи и памти. Са врха насипа уз реку, или из куле необично озидане „празнине у ваздуху" изнајмљене породичне куће – песнику се чини да се та усамљеност разлеже у нове, различите гласове. „Имао сам непатворено осећање да то мој дух *тамо* и није више тако усамљен... него да води неке саосећајне и искрене разговоре са себи равнима... исто овако усамљенима... из свих времена."

Ето тог необичног аутопортрета, који дочарава Песника, и то управо оног песника што ће тако дубоко осетити гласове Блока, Ахматове, Пастернака, Мандељштама, Цветајеве, Заболоцког, али и ону тежину Шекспировог лирског и драматског искуства усамљености која је посебно, чини се, схватљива управо ономе ко је описао свој доживљај космичког амбиса („Догађај у травњаку") што ће, можда, много година доцније, одлучујуће бити уплетен и у струну са које бруји Раичковићев незамењиви препев Шекспирових сонета, између осталог, и ових познатих стихова (Сонет XV):

Кад помислим само: све што расте да је / Савршено тек у малом трену живом / И да позорница свет је која даје / Представу под тајним звезданим упливом...

Фрагменте поетске прозе, посвећене улици са „светлуцавим" и „лековитим" именом, песник је бележио више од четири деценије – трагајући и за одгонетком њеног имена „Златна града". Можда је то заиста „онај степен узвисине који у равници брани варош од поплаве". А можда је и сама светлуцавост искуства чија је златна подлога специфичан, *песнички доживљај*, коме је „опсесивно", како сам аутор каже, читав његов живот био посвећен. Симболична узвисина, која такође брани од наплавина, не-живота.

Необично је колико је тим дубоко особеним песничким путем настајала *књиѓа ūрозе*, коју би, као збирку фрагмената обједињену управо тим поетским флуидом и унутарњом тајном, могли присвојити прозаисти што у оваквом проседеу виде оквире, захтеве и набоје модерне прозе.

Непатворени поетски сентимент Стевана Раичковића спојио је прошлост и садашњост и досегао зенит у коме је његов дух поново посебан, али дотиче снагу која је и подлога класичног.

ВЕЗ СВЕТЛОШЋУ

Врачар Светлане Велмар-Јанковић

Ерудицију и фикцију Светлана Велмар-Јанковић укрстила је у плодно поље свог списатељства као мало који стваралац у нас, уздигавши документарност и машту до креативне лепоте оних духом осунчаних предела прозе какви су нам знани још једино из дела Исидоре Секулић – где се есејистичко и новелистичко међусобно окрепљују и сустижу, чинећи поуздане степенике беспрекорној књижевној градњи.

А документарна подлога, *факаū*, могућност је да писац који своје дело види нераздруживо везано за традицију свог народа и његове културе, своју књижевну градњу најтемељније успостави, али и да из различитих углова њоме преиспита димензије историјског и духовног контекста који га инспиришу и тиме покрене нове вибрације унутар своје стваралачке оптике.

Већ је *Дорћол* (1983) означио једну од могућности да историја новелистичким приступом прекорачи своје време, да ликови кроз простор легенде и њеног новог одраза у ауторском писму Светлане Велмар-Јанковић сједине своју и нама савремену историјску садашњост.

Простор историјског, али и историје ослобођеног времена, руком мајстора који ради са драгоценим материјалом, свиленим концем и сребрним нитима – успостављајући траговима Хроноса озлеђено, а по својој суштини једно и јединствено време најбитнијих истина – књига *Врачар* рашчитава ауторском евокацијом *народноѓ ūамћења*, његове поузданости, његове симболике – његове неизбрисивости. Супротстављајући, истовремено, у игри преламања историјског факта и дослуха са предањем, снагу збиље и тајну енергију тла. Ова игра тако постаје позорница не само историјског разарања и обнављања у дуговечној историји града, и преломној тачки Врачарског поља, већ, почев од првих у књизи поменутих датума (1423. и 1425. године – момента осмишљења и подизања задужбине Стефана Лазаревића, у славу Вечне Светлости) она реактуализује митски план сукобљавања *тренутка и вечности*, актуалног и ванвременог, силе добра и силе зла, стављајући напоредо *динамичан след* историјских догађаја (угроженост и одбрану аутохтоности овог поднебља, њене вере и духовности као синонима трајања) и *једну константу* (свеукупну тачку отпора налегнућу историјских агресија) пред шири, космички план могуће рестаурације света и залечења ранâ – релативизовањем тренутачности и сузбијањем таме, једином стваралачком противтежом: Светлошћу, надом у опстанак.

Стога испод мапе исцртане „траговима људског метежа и смрти" Светлана Велмар-Јанковић на Врачарском пољу, у тајнама самог древног имена (*врачања и чарања*) као и толико пута развејаног и превејаног *праха опстајања*, види тачку исијавања *магичне заштите* и чуда *преживелости*, разуму несхватљиве могућности уздизања из пепела и одбране исконског језгра самобитности, етноса и етоса, каквог у непатетичиној уздигнутости познају једино предања и чистота књижевног (не-историјског) мита, као и космичка (удаљена) визија супротстављености Светлости Тами, Добра Злу. На месту некадашњег утемељења цркве Светог Николе, заштитника путника, преводиоца душа, гласовитог са свог *чуда* и *вере* (касније место освећења мале цркве Светога Саве), али и шире, на подручју Врачара, у свеукупној симболици овог поприишта необичне драматургије страдања и изнова оснаженог уздизања (са симболичким крешчендом везаним за спаљивање моштију Светога Саве) све до завршног призора у роману, осветљења данашњег платоа на Врачару, са Библиотеком, Спомеником Карађорђу и великим Храмом Светоме Сави, Светлана Велмар-Јанковић гради *свето место* као план загледаности у време, који разазнавањем суштине и „говором вечности упућеним душама" обнову и даље постојање на овим просторима види, нимало случајно, у игри *смисла* који се „каткад нашали" са *збивањем*.

Њена књижевно-митска поетизација чуда трајања оличена је и појавом Старца, преносиоца говора душе – по правилу неразумљивог и „неразумног"– страног слуху оних који и иначе не распознају трагове трајања, гласове дубинâ, времена које је постојало пре њих и које ће постојати после њих. Његовим флуидним појављивањем и ишчезавањем наглашена је управо она *снага невидљивог* којом Светлана Велмар-Јанковић гради своју *поетику светлости*, свој мудри одговор привиду сваке опипљивости, смештајући коначне акценте у самеравању духовног и материјалног, снаге и силе, у оно значење своје новеле која зрачи ван исказаног, ауром лебдеће свести о светости – честици доброте и разума, просвећености – која митску енергију памћења и разумевања претвара у космичку перспективу трајања. Ону исту која и *преношење моштију* дешифрује као преношење добра и истине – светиње цивилизованости.

Испод подлоге историјског, књига *Врачар* (опремом уобличена као камеја и молитвеник истовремено) исписала је подлогу наде у унутарњи раст, утемељен *у себи и на себи*, како би на помен Београда рекла Исидора Секулић. Импресивна снага фиктивног и магичног, која зрачи из фундуса зналачки одабраних чињеница и вишеструко симболизованог сваког елемента приче, доноси фасцинантни преокрет планова нарације, будући да мистично, неухватљиво и удаљено преображава у све јаснији и ближи систем порука, разгрћући и оне слојеве које такозвана стварност превиђа или заборавља. У једном од тих слојева садржана је парабола о супротстављености марцијализму преобилним залихама творења, „женског јунаштва", тихости памћења и трпљења. Тако је Јефимијином везу брижности и молитве Светлана Велмар-Јанковић придружила свој вез светлошћу, за просторе наде.

ГОВОР БИЋА И СТВАРИ

Savon de Fleurs Павла Угринова

Роман *Топле педесете* (1990) специфичном мотивском струјом у богатом корпусу прозних дела Павла Угринова у знатној мери је осветлио преломне тренутке везане за рађање савремене уметности послератног периода, њен мукотрпан пут (у скученим и осиромашеним приликама и стегама њених самозваних заштитника) али је дочарао и озарење првим видљивим помацима на плану естетичког промишљања и уметничког ослобађања, који су, у времену отпора према свему што носи индивидуални жиг, тај белег ипак остваривали, на пољу театра, сликарства, али и дубље, у самој филозофији живљења и стварања.

Видећи и себе и драму својих егзистенцијалних и стваралачких опредељења као неодвојиве од средине и времена, Угринов је овим романом на посебан начин уобличио димензију аутобиографске нарације: смиреном и јасном опсервацијом, и усредсређеним, сензибилним и самоиспитујућим промишљањем – дајући својој прози карактер укрштене, облагорођене форме, која садржи уравнотежен однос објективне дистанце и личног, субјективног и лирског тона. Две кључне речи ове књиге које то симболишу биле би можда *трепет* и *чвор*.

Тај трепет откровења, усхита, али и бреше међâ и чворова, одраз су, за Угринова, готово исконске стваралачке али и егзистенцијалне драме, која из претходне књиге, као готово вечна игра трагања, саплитања, кружења и ослобађања, урања и у роман *Savon de Fleurs*.

Способност да колажним распоредом прозних минијатура – попут театарских сцена или филмских секвенци – обруби основна тематска упоришта своје прозе, Угринов је применио и у новој књизи, ширећи ове низове у виду кругова који, задирући у време пре и после педесетих, у период раслојавања и разарања једног и оформљења сасвим другог вида друштвеног живота (прератног и поратног грађанства, у родној Панонији али и у Београду), подједнако указују на пресудни значај самог временског средишта, 1941. године, рата и револуције. Видећи ратна исходишта не само као општа места осиромашења и глади, већ у првом реду као пустошење оног фундуса вредности, које, готово збрисане гордошћу победника, нису могле бити успостављене испразношћу њиховог скоројевићства и незнања, утапајући тако и други сегмент ове историјске синтагме – револуцију – у њену опозитност, Угринов је поново најосетљивије пулсације своје прозе регистровао у најинтимнијим језгрима: личног и породичног живота, као вечитих симбола контроверзи али и стабилности, топлине, генерацијских опрека али и трајања; а затим, и света уметности, који најсамосвојнијим вредностима, у самом пламену рађања и промена, заправо најдубље, изнутра, значи рађање новог, револуционарног. Противно свакој униформности и генерализовању, из општег фона живота шездесетих, управо у микросветовима који су му, посебно у области сликарства, сваки на свој начин блиски, Угринов у дну свакога понаособ, као у самој жижи стварања, региструје и дочарава и њихов именитељ и суштину – као супротност апстракцији, као стварност по себи, најживљи одраз личног интегритета и заједничку потку најразличитијих усмерења у модерном уметничком трагању.

Поетика простора заузима посебно место у наративном ткању Павла Угринова. Ширина родне равнице, драге адресе, састајалишта, продавнице реткости, атељеа, благе сенке сличне боји тек незнатно пожутелих фотографија, али и сужавање фокуса на тихи говор предмета, и фактографској и лирској природи његовог дискурса дају подједнаку снагу уверљивости. Плави бицикл, мајчин старински штедњак и очеве папирне вречице с лековитом камилицом или апотекарске теглице, разуме се и наговештаји мириса недосегнутог света које шири предмет обичне свакодневне примене, сапун, као и симболична, космополитска универзалност што избија из добростиве угодности провинцијске посластичарнице, лирским набојем сентимента и сећања растварају објектив ширим опсервацијама, граничним подручјима времена̂ и светова, где успомене на природну родност и обиље Паноније, плодно коегзистирање „ризнице стилова" („Војводина – старинарница"), заустављају свој природни дах и мењају свој кôд под збуњујућом навалом нових историјских и културолошких порука конфузије и грубих преокрета. Права правцата социоисторијска студија изведена је тако над обичним употребним предметом какав је тањир. Његова симоблика *златне мере*, одраза уравнотежености и цивилизованости, преобратила се „у времену о коме је реч (...) у далеки и рекло би се чак луксузни идеал. И само као такав је ваљда био још можда потребан и имао своју вредност, значење, па и незамењивост“.

Свет предмета наративном техником Павла Угринова израста из слике непосредне реалности у евокацију дубље емотивне и духовне лепоте, као што остаје сигнал помешаних и промашених критеријума, императива и репера различитих нивоа значења једне историјски трусне и вишеструко уздрмане епохе, света пуких, осиромашених и обесмишљених замена, једног новог и насилног, идеологизираног дискурса, који ремети рашчитавање природног континуитета и сагласја, питомост и озрачје еволуције. Фасцинација естетичким чудом и чаробњаштвом (ризнице уметничког, старинарнице, или магични простор биоскопске дворане) због тога и даље у овој прози чува свежину детињег, младалачког, у суштини сваког аутентичног, откривалачког и непатворено индивидуалног доживљаја света који се природно штити и брани пред навалом површности, грубих и неодрживих замена, дубинском димензијом коју у својим антропоисторијским и естетичким микроанализама Павле Угринов прецизно региструје променом речи *простор* у *просторност* („Боја и простор“), мислећи на дубину перспективе, на широки слободни опсег проматрања било ког затвореног или отвореног простора, на незамењиву слободу личног и слободу личности, која даје боју не само индивидуалном доживљају, већ и самом свету око нас: „Кажемо стварност, као да се ради о неком реалистичком концепту или снимку камером; није, међутим, посреди сама стварност као таква, колико оно што уистину чини срж простора (према томе и слике), што тај простор чини *индивидуалним*, односно узбудљивијим него кад тај елеменат не бисмо опазили – елеменат не само дубине простора, већ и његове, рецимо, *сеновитости*, оног неухватљивог смењивања или мењања светлости и сенки, оног просветљавања и затамњивања појединих планова, одељака, невидљивих углова, оног *њихања* простора – да ли све то *збиља* опажамо, да ли смо све то у стању да откријемо на време (...) да бисмо доживели целину слике, целину замисли, у свој тајанствености и разговетности њених својстава.“

И флуид сећања, временског или уметничког чарања у тој дубинској естетици, за Угринова, са овом просторношћу, потпуне и неухватљиве сеновитости, поседује интензивнију и аутентичнију стварност, много више и пре но живот сврховитости, царство употребног, илузија стварног – као простор без духовно освојене просторности – или пак простор дисконтинуитета, насилно преузете и задате облигатности обиликâ, свести, укуса, односно, гушење „боје и простора“ свеколиком предметношћу, где *средишне шездесете*, уз јад поражених и похлепу незајажљивих, као претходницу заталасалом бунту младости, доносе, уместо незамисливе слободе етичког суда, *нову естетику*, неизбежни уметнички отпор који се свету предметне конкретности окреће побуном израженом апстракцијом и енформелом.

Отуда у роману Угринова стваралачки портрети Лазара Возаревића, Стојана Ћелића, Живојина Туринског, Александра Томашевића, сажета истирија наше модерне уметости, али и одраз естетике као простора неспутаности и емотивности, интелекта и духа – парадигма која уоквирује два за писца кључна медаљона, оца и мајке – парадигму природности и непрекинутих спона сред говора сећања и слика, флуидног говора предмета и драгих и незамењивих људи, шапата који је незамислив без поимања лепоте као неминовне културе осећања и творења облика, оне мреже значења која пружа основ целокупном али наносе завршном тону романа. Наслеђе које је обрубило шездесете, није, наиме, обезбедила „револуционарна прошлост“ већ је то учинила оплемењена баштина људских односа, стваралачких спрегова и преплета, уважавање неминовсноти разлика и саме природе променâ, слободе светова који се по њој распознају и њеним посредовањем зближавају и спајају.

Угриновљеви млади јунаци, на крају романа, стога су на неки начин и стари и нови Адам и Ева, побуњени над једном али усхићени другом, сунчаном страном света, обасјани заправо открићем Човека, његовог дара и његове могућности да ствара и дарује.

Брижљива сликовност, мелодија сете, рефлексије, неострашћеног казивања и уздржане емоције, у овом Угриновљевом роману вајају у његовом делу и даље оно већ готово заборављено знамење прозе – отмену једноставност стила – доследно остварујући и други, нераздвојно важан списатељски порив овог писца: сазнање о суштини човековог постојања, њеном свевременом корену, али и благој игри мириса и боја, која траје и трепери и када се чини да нестаје и гасне.

ПРИЗОРИ ЖИВОТА, ПРИЗОРИ СНА

Кришке времена Живојина Павловића

Готово једновремено са објављивањем прозног циклуса *Дивљи ветар* (1-10, ДП Знање, Нови Сад и Квит Подијум, Београд, 1993) појавила се књига изабраних приповедака Живојина Павловића *Кришке времена*, која се може схватити и као увод у читање знатно обимније и сложеније грађе *Дивљег ветра*, али и као штиво које, као избор из ране прозе овога аутора функционише самостално. Но могућност напоредног сагледавања раног и зрелог дела вишеструко је занимљива и у оваквој прилици готово неизбежна.

Неке од приповедака књиге *Кришке времена* („Земља“, „Вртлог“ и „Дневник непознатог“) уврштене су у другу књигу циклуса *Дивљи ве-

ш̄ар и са њим успостављају чвршће мотивске везе. Тако се прича „Земља“ приписује Павловићевом јунаку Благоју Јотићу (*Расло ми је бадем дрво*); прича „Вртлог“ додирује ликове Благоја Јотића и Вука Бабића (изузетно значајне за целокупан корпус *Дивљег вет̄ра*), а сама прича представља један од модела „комунистичког суђења“ у којима се идеал обрушава на свог младог и занесеног протагонисту – борца за универзалне и личне слободе – чиме се на особен начин подупире и истиче окосница збирке *Кришке времена*, али се отвара и критичка дистанца, присутна и у каснијим обрадама оваквих мотива. Интиман пак доживљај кривице, као пројекција велике теме човековог суочења са смрћу – обрађен једним делом и у приповеци „Долап“ (у десетом тому *Дивљег вет̄ра* који носи назив *Круг̄ови*) – свој заметак има, као што управо књига ране прозе показује, у причи „Како сам убијао бикове“. Дужа прозна целина „Дневник непознатог“, са уводним и пропратним коментарима професора геологије, који се над изненада пронађеним рукописима непознатог младог и оболелог студента присећа и својих искустава са сељанима источне Србије, граничарима и противдиверзантским стражама – по својој структури и неким другим обележјима, носи траг приповедног модела у коме је иначе реализован и роман *Лов на т̄иг̄рове* (девета књига циклуса *Дивљи вет̄ар*), док насловна прича „Кришке времена“ у организационом погледу нуди заметак поступка реализованог књигом *Лут̄ке на буњишт̄у* (трећа књига *Дивљег вет̄ра*).

Остале приповетке у збирци *Кришке времена* руралном амбијенту придодају урбани простор (у насловној причи), као што у комплексу питања унутарњих контроверзи Павловићевих јунака наглашавају проблем сваке, па и специфичне, уметничке индивидуалности („Светлост и тама“), указујући и у том погледу на присуство мотива који ће у каснијој прози стећи другачију разраду и модификације (као уосталом и микромодели назначених поступака), али, изоштравајући и игру светлог и тамног, као општи план ове прозе, и доводећи је до средишњег проблема Павловићевог стваралачког промишљања – човековог удеса. Одражавајући све стилске особине (па и слабости) ране фазе Павловићевог стварања, књига у исто време отвара распоне светлог и тамног, виђеног и сањаног, у оптици овога писца, предстаљајући, на свој начин, одраз оне поетичке визуре која је карактеристична за дело овога аутора у целини.

Зачуђеност̄ пред рађањем, ст̄рах од смрт̄и – као најкраће аутопоетичко одређење исказано у књизи записа *Флог̄ист̄он* (1989) управо је конфронтацијом светлог и тамног утиснуто у подлогу читавог опуса Живојина Павловића. Јер сва задивљеност постојањем, која чини онај најшири и најспонтанији стваралачи приступ овог аутора, суспрегнута је једним током који, иако препун животне снаге, чија је неукротивост одраз витализма, стиче значење кобне матице, што као укрштање менталитета и законитости живљења једног поднебља, па и судбинских закона што управљају природом и светом, тај неотклоњиви фатум – несмиреног, вазда делујућег и разорног – открива у самом човеку. Тако се тамна мрља на почетном плану затитралих, усхитних боја, увећава – недаће и непогоде које харају спољашњим светом удружују се са несрећама што бију изнутра; човек више није проматрач, већ ломно стабло и угарак, а чудо рађања у својј велелепности круни се и опада у живу слику рушевности што у себи носи заметак рушења – одраз је и клица удесног. Предодређен за лепоту, мисао и љубав, човек је, у визији Живојина Павловића, подједнако предодређен и за рушење свога дела. „Људи у мене уносе страх, сличан страху од природних непогода“, вели Павловић у књизи исповести *Азбука* (1990). Као метафора ове идеје, на самом почетку ове књиге, између других цртежа и акв_ рела, налази се и цртеж *руке*. Творитељица, рука је и сама створена, трошна; рањива, и, из позлеђености, и сама рушитељица.

Почетна, јединствена визија живота и смрти, земље и неба, раздваја се у драму прикованости уз ослонце, који, једном угрожени, а вазда колебљиви, сужавају видокруг, истискују светлине, застиру поглед ка нади, доброхотности, ка небу. Урастао у земљу, у грчу да је као упориште сачува, тежак из приче „Земља“ њено црнило упија и својим грудима и својом зеницом. Због њених рађајућих моћи не види своју моћ, зарад њеног семена затире своје. Тај грч самоодржања суновраћен је у грч ужаса. Егзистенцијални ужас у фокусу Павловићеве стваралачке пажње тамна је, нарастајућа сила ноћи пред којом је човек безмерно ништаван и сâм. Као што је, пред сопственом смрћу, бескрајно немоћна рука која је убијала бикове. И као што, у „Дневнику непознатог“, она крвна мрља боловања, из које „отиче“ живот, рађа самоубилачку жудњу да се тај живот потврди. Приањање уз земљу, родну груду, окриље од којег је јунак отргнут, вапај је сада већ исказан целим телом, најснажнија жудња да се нађе „највећа потпора“ у освајању немогућег.

Безвремени фатум, бескрајно црно поље ништавила, занавек наднето над човека, Живојин Павловић у овој књизи задржава у оквиру пресудних својих тема, али га из домена громадне уопштености, хронолошким одређењима, уводи у живот својих јунака – и онда када га исказује у ширим временским сегментима („Дневник непознатог“) или тек у хипу („Убијао сам бикове“), или у протицању сати и минута („Кришке времена“). План неухватљивих и недокучивих значења на тај начин усеца се у ткиво непосредног живота подведеног под голу оштрицу смрти. То опште место готово свих књига Живојина Павловића издвојено је овом књигом убедљиво, симболички речито, стилски мозаично, значењски егземпларно. Ваздашњу слепу игру *законитости* и *случаја*, *фатума* и *слободе*, ова проза васпоставља као челични загрљај, који уместо равнотеже рађа крик, уместо исклизлог обзора – одблесак ужаса – траг у телу, на лицу, у руци, у материјалном и видљивом – јер је већ уписан у невидљивом, у души.

„Поетика ружног", која се у овој помало незграпној формулацији приписује Живојину Павловићу, израз је оног затамњеног зјапа који пуца из непознатог, тајанственог и несводивог, и који, преведен из општег тајанства, задобија мирис (задах) тела и дамар крви. У којој је заједничка основа и вапаја за опстанком и оне отимајуће жудње-крика – да се човек искаже, бар у једном трену, у пропињању – у својој недосегнутој пуноћи људскости, да своју таму уздигне са дна, до слутње светлости. „Више волим ружноћу", каже у једној песми Станислав Граховјак – „Ближе је крвотоку". Најближа човеку, гласила би, можда, Павловићева реплика.

Озрачје катарзе, обриси недосегнутог неба, најчешће су, у Павловићевих јунака, умакли овом исконском дамару крви. Али то не значи да се наговештај озарења, епифанијско прамење, не назире у Павловићевој густо тканој прози, у њеним лирским прегибима, у њеној незанемареној, почетној оптици, што негде, из заглавља сваке прозне књиге, неупадљиво води своју игру, испреда свој глас, налик трагу светла, и остварује се мотивским паралелизмом приче (*Лапот*) или целинама дигресивним у односу на главне тематске токове (*Траг дивљачи*) или пак, нарочито, у преламањима раних, али и познијих кратких прича. У значењу стихова, напокон, који су често уводи у читање Павловићеве прозе. У *Лапоту*, то је разрешење од лапота, милошћу гране питоме, калемљене ранке, идеје опречне оном тврдом и непоучљивом у човеку: гледању преко нишана пушке. У *Круговима* то је лоренсовски наговештај жудње за пуноћом егзистенцијалног препокривања „непостојања" као мото књизи која, иначе, из ткива рањивог, младачаког искуства својих јунака, извлачи оштре рубове првих раздвајања *виђеног* и *сањаног*, живота и смрти, подударности људског затамњења и космичког ништавила, са доживљајем ероса и танатоса – чему се приближава и срж значења књиге *Кришке времена*. У њеном заглављу пак, Елиотови су стихови: *Иди, иди, иди, рече птица: људски род / Не може поднети сувише стварности.* „Што је морало да буде и што је било", показују само *један крај.* Усуд, а не божанство, у случају Павловићеве прозе. Тек посматрачу припада и *други крај*, ономе ко није учесник визија се указује цела.

Једна рубна поетика, широка, оквирна, а неисказана, чита се следом ових поетских фрагмената, чија је функција до сада, чини се, била занемарена, а која употпуњује „поетику ружног", ближењем једном другом извору човековог напајања, не више крвотоком, већ духом. Она указује на оно значајно место телеграфски забележеног програма из *Флогистона*: ПРИЗОРИ ЖИВОТА. ПРИЗОРИ ФИЛМА. ПРИЗОРИ СНА. Стваралачком, проматрачком и посредничком чину, чину духа, дато је да помири траг ужаса и одсјај блаженства, виђено и сањано. Учињено и недовољно оплакано. Руку и око. Као у песми Михаела Кригера: *Дај ми рану / испод твог ока, узми за узврат / линију моје руке /која може да се продужи. Били бисмо / око у оку, / немоћни – и слобод-*

ни: / да се отворимо трећем оку / које би нас обухватило / једним погледом. И код тебе био би / сав алат, / а код мене сва земља / којој служи тај алат.

Песма се зове „За узврат" (превео ју је Божидар Зец). У њој видим онај синтетички одраз свеукупне Павловићеве поетичке жудње која је формулисана у „Причи о љубави" на крају књиге Лудило у огледалу (1992), али и у другим дневничким белешкама: да се „брујању ништавила", за узврат, изатка песма духа, хуј непролазног. Аура за чудо човековег трајања, која мора везати или бар у додир довести два краја, да би родила елиотовски сувишак значења, реалност што, посредована уметношћу, за Павловића јесте оно: јаче од живота.

КРОЗ ДВАНАЕСТ КАПИЈА

Година пролази кроз авлију Милована Данојлића

Милован Данојлић један је од наших најплоднијих стваралаца. И када се, између објављивања његових песничких збирки или књига за децу, читалац маши његове прозне књиге, спремно ће је прихватити као Данојлићев продужени поетски чин. По томе се одликују многе његове прозне књиге, почевши до *Лирских расправа* (1967) до *Сенки око куће* (1980), *Брисаног простора* (1984) или које друге. Књига *Година која пролази кроз авлију* такође се може сматрати поетском прозом, најсличнијом можда сестрински блиској јој књизи *Дугин свлак* (1979, 1983).

Ширина искуства и сензибилност са којом се упија неизмерност постојања, отворене *Дугиним свлаком*, продужују се и у *Години*, која на свој начин укључује и подразумева гибање између настајања и нестајања, првобитни образац постојања и трајања – круг. Пред писцем је стога изазов наоко прост а тешко остварив. Учини се да је наук обухвата савладан, да се сав опсег животног може изрећи и захватити из његових дубина. Но, године, њих тридесет у *Дугином свлаку*, десетак више у новој књизи, растрошне по свему што протицање однесе, а чуварне и мудре колико памћење дозволи, још једном подвуку закључак с краја *Дугиног свлака*: „Испричао си споредни делић приче. Оно главно си дотакао успут. Мораћеш још једном. Из почетка."

Година пролази кроз авлију је тај поновни захват, нови круг. Јер приповедање, у Данојлића блиско лирици и налик песми, започиње на изглед ниоткуда, као и прва Реч, и обрубљује прозуклост трајања, тражећи му дубину, смисао и срж.

Враћајући се у својој прози најчешће завичајном, Данојлић свом књижевном јунаку, Дечаку, подарује могућност чистог упијања и отпијања животне бистрине, са самог извора, али и све страхове и задивљености које га зближују са човеком његовог родног краја, пред притајеношћу или дарежљивошћу природе, са којом је срођен, колико и пред натприродним, у коме почивају не само видљива знамења, већ и само невидљиво устројство света што опомиње човека на послушност и зауставља га, снебивљивог, пред чудом велике тајне. По том искуству човека који у огромности распона између неба и земље нема никог другог до себе, Дечак разазнаје – више него што ће икада после и игде другде то моћи – варке привида и насушност сваке алатке и заната, голог и чистог наука трајања, лишеног испразности и сувишности, а орођеног негде невидљиво, изнутра, са оним повесмом коме није умакао дубљи смисао ни када се истрошила и истањила видљива сврха. И када својом причом *оūева* клас, хлеб, пећницу, студ и фуруну, и када понесено набраја већ заборављена имена необичних справа и алатâ, Данојлић у сићушном и трпељивом човековом трајању види збирање и успињање, гладовање и чуварно топло прикупљање свега што чини свету храну земног, отету од злехудице и таме, али исто тако и светло, празнично учествовање у вишем поретку, реду и смислу, које као да би се, упркос свој својој величајности и несазнатљивости, нарушило, да нема и те тихе и скрушене човекове подршке и одобравања. Његов живот трпљења и празновања, ритуал је одржавања великог обреда живљења, саучествовања у тајни стварања, рађања, трошења, умирања и обнављања.

Попут дванаест латица цвета Данојлићевог сећања из *Дуūиноū свлака*, у овој књизи јесен раствара својих дванаест капија, приводећи годину од њеног родног врхунца крају, и слутњи новог почетка. Између *удисаја* и *издисаја* земље ухваћена је светлост и сенка трагања тамо где је човеку најближа, јер је утиснута у земљу као први и основни образац обнављања, вечан колико и његов несагледиви и недоступни стваралачки узор. Човек се мора прилагодити вољи невидљивих управљача света, као што се и душа, узвишенија и пробирљивија од тела, а од њега наразулучива, са њим мири, чувајући, међутим, своју тајну – своју моћ да „памти и слути". Стога су и Данојлићева казивања, посвећена срцу нигдине, забити српског села, у исто време увек и на самом прагу бескраја, у дослуху са сухомразицом, „јаловином" васионе, или њеним треперавим благонаклоним сјајем; она постојање хватају у његовом реалном распону захтева духа и тела, чула и ума, између тегова и лепоте непромењивог и неопозивог, и између зова и чари недокучивог. Знајући да кључеви тајни нису у његовим рукама, Данојлићев човек је само преносник дрхтаја недомашивих опруга, али увек на рубу бездана – и када је окренут памћењу и када се, најсличнији детету или песнику, отима уходностима и искорачује у слободу новог, другачијег поимања, ка светлосном празнику стварања који за тренутак приближује стварно и могуће.

У том додиру и прожимању стичу се светлина и мир Данојлићевих реченица, ту почива ковчежић младалачких тајни, старина̂, обичаја и лексике. Између бездана и безмерја, збиље и снова, сачувано је узорно, смислом испуњено, више постојање – у коме је могуће открити уздигнути сјај сложених противречја која одишу природношћу, тајновитим складом, колико и темељношћу и поузданошћу. А и *трепет* и *темељ* чине се једнако неисказивим, потебне су им нове приче и нове књиге. Попут старинских вечитих календара, памћење и машта сликају нове призоре, нова лица, жудњу да се искаже целина Књиге промена и трајања.

НАДМУДРИВАЊЕ ФОРМЕ

Пелерина и *Кратка књига* Давида Албахарија

„Колико снаге, колико могућности пре него што се изговоре речи, колико немоћи када умину, заувек нечија својина“, стоји на једном месту у овој, осмој по реду Албахаријевој прозној књизи.

А колико сете за *унапред изгубљеним*, колико стрепње над *нужно изабраним*, носи у себи ова лирско-поетичка медитација, која би, ван свог контекста, могла асоцирати на неку источњачку мудрост пре него што бисмо је везали за приповедача бритке модерности, аутора продорне и уверљиве сажетости, иза кога стоји искуство постмодерне деконструкције и истраживање могућности кратке прозне форме и разноврсности њеног модела.

И одиста, ова реченица из „Приче“, попут многих у Албахаријевој књизи, под пишчеву позорност смешта питања о могућности речи, улози реченице, микрокосмосу приче, отвара питања у којима само слапови наредних фрагмената или прича̂ могу покушати, из различитих аспеката, да понуде одговор. Од једних до других, наиме, тече сам шумор говора, којем је можда много више до тишине („цео свет је ухваћен у тишини“), до ослушкивања онога што причи измиче, неголи до градње приче као мање или више чврсте наративне конструкције. Иронијска дистанца према нормираним видовима приповедног искус-тва, позната из ранијих Албахаријевих прича, овде се преноси на истакнут и *фиксиран модел приче*, коме се, следом необичне, сугестивне аргументације (садржане у волуминозности сугестије, претпостављеним и слућеним просторима тек једне речи, спремне да ослушкује и чује, да види и наговести, чак и оно што запада између оштрих ивица предмета и рационализовних структура света) као пандан постављају разнолике суптилне форме саопштљивости искуства, које не чине *један* наративни модел, већ сливање моделâ, сабирање вишеструких рачвања језичких и приповедних могућности, преплитања говора и ћутања, „дисања" и гибања говорне мелодије која пре одражава поредак ствари и само збивање него што га непосредно изриче. Јер по Албахарију, „права прича је одуство приче". Настављајући постмодерни правац развијања поетичке равни казивања (прича је у постмодерном искуству увек и прича о причи), Албахари и даље реалност види као неминовно *поље приче*, али не и као омеђеност овог поља једним наративним моделом. Појам књижевне стварности, могло би се рећи, налик је љубави за коју се у уводној причи вели да је попут воде: „Без обзира колико чврсто стиснеш прсте, увек ти исцури." Прича је, наиме, једна од више могућности казивања, а не једна једина могућност, те када писац лежерно каже: „Може се то рећи и на други начин"... на прагу смо *приступа у разностраности*, у грађњу модела прозирности у коме судари сукобљености и прожимање безбројних одблесака јесу одрази релативности истина доступних нашем перцептивном пољу („Свет се" – стоји на једном месту у књизи – „свима не показује једнако", а понекад је замагљено и сазнање о граници која дели тајанство властитог идентитета од тајне неког другог, или од оног сопственог, претпостављеног *ја*). Управо у тој прозрачности, тишини тајне која склапа и део и целину, обливајући разнолике одблеске заједничким сјајем, купа се јединственост света, постојање испреплетано невидљивим и нечујним нитима, за које је потребан вид из различитих перспектива („као што сова види", изокрећући главу, а опет видећи право, видећи и ноћу оно што је нама видљиво дању). Вишеструкост перспектива захтева и вишеструкост наративних опција, начин да се превазиђе ограниченост знања, самим тим и ограничење приче, пред богатствима која извиру испод јединствене опне света. Другим речима, да се увек постави нови знак питања и искаже сумња у постојање јединствене формуле која би могла да протумачи тај свет.

Уверење да постоји безгласно тајанство у „устима пуним звезда", као и да постоје речи од којих је „саздан свет", слутња изван свих међа и јасне, темељне *истине* постојања, на необичан начин у Албахаријевој прози подстичу и на разматрање феномена *књижевног знака*, који је неминовно уроњен у „крв" искуства колико и у бесконачност таме, оваплоћујући се у *пелерину са два лица*: означитеља реалности али и идеала – исказаних у два опречна виђења јунака насловне приче (екстатичног дотицаја *неба*, *лепоте* на леђима света, али и *земног*, спалог огртача што огољује белеге и *ожиљке стварности*); знака који своју генезу исписује путујући кроз све поларности постојања, наткриљујући својом апстрактношћу суму искуственог, али отварајући, индивидуалним искуством, вратнице сазнања, уводећи појединачно у опште, непоновљиво у вечно, помирујући напокон и сам *знак* и *образац* (завршна прича „Нема песма") у глас складног прожимања, који не може бити ништа друго до тишина.

Појачавајући распоне од непосредно стварносног, до слутње свеопштег космичког, у чијем је ритму тајна равнотежа човековог постојања, па и дубина његовог емотивног и истраживачког лутања по тајанству, Албахари новом књигом досеже нову зрелост, и нов праг у свом освајању простора модерне прозе. Не одричући се примицања микроструктурама познатог му света, он овом књигом више пажње посвећује размацима, вакуму у „проклизавању светова" и напокон, и прибижавању непознатом, што га обавезује и на промену кода, реченицу чије убрзање сустиже ритмове збивања, али и на контемплативну ћутњу што их наткриљује, у чему нараста значај *унутрашњих ритмова говора,* једног готово песничког упоришта у реткој, изабраној и посвећеној улози саме речи.

Очевидно да Албахари негује поетску прозирност речи, једнако бринући о њеној обновљеној свежини и моћи. Отуда и отпор диктату задатог модела, игра надмудривања са отврдлошћу наративне форме коју каскадно раствара и склапа, и наново *отвара Кратка књига.*

„Претпоставимо да неко пише причу. Из света конвенционалних знакова узме грм азалеје и пресади га у леп парк. Из света конвенционалних знакова узме и златан џепни сат и постави га под грм азалеје. Са истог богатог извора захвати и једног згодног лопова и појас невиности, смести лопова у појас и нежно га положи под азалеју, не заборављајући да навије златни џепни сат, тако да његово куцање лопова најзад и пробуди. (...) Шта се даље збива? Наравно, не знам.

Добро би било застати и рећи да је писац онај ко, прихватајући се неког задатка, не зна како да поступи."

Можда би се могло рећи да је ово „стваралачко незнање" о коме у претходном фрагменту говори Дејвид Бартелми (у својој причи „Незнање") главни предмет *Кратке књиге* Давида Албахарија. Нимало необична тема-опсесија, за писце који у оквиру постмодернистичке сумње у сваку књижевну конвенцију дело виде као једино припадајуће свету што почива на богатим *изворима* књижевног знаковља, али се ни ту, у својој сумњи не заустављају. Напротив, неумирену и увишестручену, најчешће је пребацују на поље акције и медитације свог књижевног јунака, који игра улогу аутора, те се нађе у самом срцу фикције (у појасу, а под азалејом), која му се под прстима мрви и нанова склапа као збиља у увек новој равни: „Свака врата су улаз и излаз, као и свака реч; сваки текст казује две приче у исто време, и стога писац не може да буде сигуран коју од њих одиста пише, нити да ли увек пише исту, без обзира коју, или се креће од једне до друге, не знајући, или знајући, па ипак немоћан да било шта учини“, каже се сродним поводом у овој књизи.

Учинивиши, у претходној књизи прозе (*Пелерина*) различите моделе приповедака међусобно прожетим и проходним, са плодним сувишком значења које ова укрштања доносе, у можда најзначајнијој причи („Нема песма“) Алабахари се понајвише усредсредио на ту загонетну и неразрешену орођеност стварности и фикције, која фикцију чини слободном али не-ослобођеном печата збиље, а стварност надстварном, али, у свом упечатљивом властитом обиљу знакова, згуснуто и прочишћено преведеном у нови план значења.

Експлозија форме, на оба ова нивоа отима се норми, језику конвенције, захтевајући *приступ изнова*, те Албахари свог јунака ставља пред белину снега неисписане бележнице у којој је видљив само план, али и у стваралачку ситуацију потпуне новине (тобожњег „очишћења“ од свих могућих спотицања, и „заштићености“ од свих животних проблема аутора), која треба да послужи као „идеална“ за стварање. Као што се јунаку непознати простор (пријатељев идилични посед) чини бескрајним и невидљивим, тако му се и задатак да у предвиђеном року и омеђеном обиму испише *Кратку књигу* чини готово неостверивим, да би се проблеми умножили и замрежили, будући да јунак текст све мање види као сурогат стварности, али ни стварност не види као препреку која се да прескочити ради „посвећене“ и „презаштићене“ чистоте књижевног текста. Напротив. Вођен идејом да се „смисао свари крије испод њих“, у примарном инстинкту освајања двоструког живота (свог и своје речи), у побадању белега али не и стриктних граница у неомеђени простор „туђине“, у обуздавању хаоса али и неухватљивости коначних значења, Албахаријев јунак „ствара живот“ изнова, да би јасније, непрекидним откривањем света око себе (природе, или пак других људи: сусед, пекар, касирка, уредник) успостављао дијалог са самим собом, сагледавао и мењао, на неки начин увек изнова постављао идеје о *могућностима стварања* и да би, у непрекидности рађања форми, у уласку и изласку са језичког поља („света конвенционалних знакова“) видео могућност стваралачког задирања у новину, надвладавање конвенције, отпор њеним глатким проходностима, као могућност рађања оног одлучујућег сувишка значења који се прелива преко руба утапајуће познатости.

Причајући о настанку *Кратке књиге*, а не *казујући* Књигу (задржавајући тако основни проседе постмодернистичке прозе), Албахари је на нешто другачији начин осветлио проблем из своје приче „Нема песма“. Извлачећи Аријаднину нит настанка дела из обрушавања њеног јединственог и унапред знаног концепта, односно, из рушења заблуде о јединствености света, рађање новог исказао је као проблем форме, која би морала обухватити *различита лица света* и исказати једновременост различитих постојања („једино је садашњост моћ сталног трајања“, каже Албахари, алудирајући на псеудовечност Форме, нужну отвореност и флексибилност, као и недосежност заувек завршеног Дела), он је своје казивање о настанку *Кратке књиге* прожео најживљим поетичким преокупацијама, обједињујући најразличитије њихове нивое и аспекте: субјективни (мотивацију, вољу, усмерење, страх и наду, организацију и отпор организованости) али и као сукцесију објективних одређења Другим (саучесник, саговорник, у крајњој инстанци читалац), проблемом времена, простора, језика, аутопројекције или пројектовања саме нарације у друге равни – чиме оне основне, покретачке, добијају смисао фикције. Прича о *Краткој књизи* отвара више улазака у могућност читања, јер је вишеструко укрстила могућности писања. Метаплан у почетном поретку књиге постаје поглед одоздо, и обратно, аутору-јунаку измиче јединственост тачке гледања, као што га напушта свака идеја о неистрошљивости форме. Можда би нешто више о (не)истрошљивости форме могла да му каже Учитељица, да ју је могао пронаћи, али овако, остао је да се са тим питањем бори сам, као што би и сама Књига могла бити другачија, да је започета у октобру, када је привидно била завршена. Будући да је у сваком другом тренутку она могла бити другачије написана, (јер би подразумевала другачију констелацију свих околности, нову средину, годишње доба, нове пријатеље, новог изгубљеног дечака са одсјајем у коси), то оправдава и чињеницу што ју је аутор запрво измеситио из *Кратке књиге* као приче о Књизи. Она је изостала, отишла је да живи негде на другом месту, да се продева кроз још неоткривене форме, којима је потврђена као одсуство Форме, пародије писања.

Тиме је запрво ова проза, натопљена животом стварносног детаља, постала животна сторија једне од могућих књига које кроз неконачност Дела преносе смисао *стваралачког чина*, као што један дан у свом изгубљеном или нађеном сјају продужује потрагу за смислом постојања, садашњост жуди за обједињеношћу у загрљају прошлости и будућности; али, у исто време, она је постала одраз многих стваралачких визура и њених преиспитивања, не само када је реч о постмодернистима, већ и оним ауторима који прерастају одређења и поделе и урастају у темеље овог стваралачког века (Набоков, Гомбрович, Белоу, Киш), управо по свом резу-пукотини којом рађају стваралачки отпор чистоти и углачаности конвенције (које говор неприметно наводе на спрудове не-говора, одсуство Креације). У том отежаном исклизавању новог из старог, у сусрет новом, у освајању непознатог и страног и његовом напуштању, у отварању и затварању врата кроз која излазе речи да би успоставиле језик и наново га рађале, састоји се отпор Пародији. Надмудривање Форме, „тамнице бића“. Овај удвостручени смисао Живота-Стварања, како га је, са много маште и духа, предочио Албахари, сигурном руком исписујући и ову књигу промене.

ИГРА СРЕБРНОГ И ЗЛАТНОГ: НОВА ХИПЕРБОРЕЈА

Атлас описан небом Горана Петровића

„За жаљење је што добар део човечанства тврдоглаво постоји само у једном облику“, стоји на једном месту књиге, која је, уосталом, сва и сачињена од местâ којима желите да се вратите. А то значи да тај део човечанства путује само ивицом јаве, истцртавајући и сâм оштру картографију земље, обрисе света ухваћене у суморним сноповима паралелних линија које се „не дотичу нигде“, што и укида „животодавну наду сусрета“.

Тако би се могао пренети суморни *summery* визије овог света, како га, по географској (реално-земној) картографији, сачињава аутор књиге *Атлас описан небом*. У дословности и површности те картографије, градови, реке, путеви, само су *запреке* на путу, грешке у општем погледу на свет, којима је управо похарана његова месечинаста кошуљица, или су лукавство иза кога се скрива стратегија Празнине, опасност нестајања. Из аспекта из кога се управо овај свет може назвати другим (јер је свет нестајања, умирања), *Атлас описан небом* је на путу исправљања грешке помањкања маште, труда, знања, љубави и снова – воље да се умирућем удахне животодавна снага. Њен аутор (није сувишно напоменути, рођен 1961) написао је разлистану књигу, која напахњује једра једног хуманог, уравнотеженог, *небом умивеног*, и стога већ другачијег – непрекидно креативног, степенастом метаморфозом исказаног – небоносног узрастања до хармоније, која, из своје „небоносне моћи“ остварује холограмску заобљеност и потпуност света, човеково у бескрај одгонетања и у неслућена пространства бескраја поринуто властито постојање. Огледнуто у многим огледалима, а недогледано, на прагу опхода кроз многа, ако не и свако од њих. На изглед овај је задатак неостварив, али „стрпљење љубави омета долазак смрти“, као што безмерно грањање снова заснива рад на уништењу Празнине. Тој чудесној, посвећеној делатности, предани су станари куће без крова, који су уместо црепа изабрали небо – јунаци Петровићеве прозе.

У једној од најнеобичнијих књига поетске прозе у нас, та необичност и свежина уздижу се на степен прве важности човековог самоочувања. Тајанствени запис око кога је испреплетена танана и низом дигресија и додатака приче готово загубљива драматургија, а у којем је садржана „порука важна за човечанство“, неће остати лишен човековог живог обележја, *онога што смо*, али ће, водећи из сна у сан, исписивати нову картографију, која ће својом сновном природом облескивати лепоту, а очевица лепоте поставити и у улогу њеног ствараоца, како би дете нарасло у дива, небоносца. Јер, од „збира снова не зависи само укупна висина појединца“, него у „збиру са другим сновима, и укупна висина човечанства“.

Лепота у овој књизи јесте лице небеске тканице, а наличје јој је судбина трошности, нагриженог плаветнила (реалности дакле), превласти „Коначне празнине“. Драма, ако је у збирци снова има, јесте драма спасења плаветнила, потпуности и равнотеже, на којима је заснован Петровићев „хуманизам увећања“, раст из честице која не заборавља хармоничну спрегу божанске семенке. У исто време, то је и *пројекат уметности* која лепоту небеског не досеже без људске душе, нити несагледиво без лета кроз „галаксије мисаоних тачака“, који духом отвара, једно за другим, пространства знања, обезбеђујући тако управо она кретања која заборављају *један* човеков облик, и „будући ван људског тела“, дотичу крошњу астралног.

Мистична, езотерична колико и непосредна, љупка, присна, заводљива Петровићева плавопрста проза, поема сачињена од алхемијских напитака, сва је у слутњи спиритуалних растварања, исткана од минијатурних пикарских романа маште, преобучених у бајке, саге, фрагменте непознатих митова са призвуком познатих, сусрете Истока и Запада, описе номадских лутања по оазама најбистријих извора уживања у творењу приче која својом пређом хита да предупреди измицање нити истањене и потрошљиве физичности и нестајања у пукотинама празнине. Описивањем прозрачних кругова, она не заборавља човеково збиљско језгро, ерос и танатос, његов удес као двосекли мач, али изводи и из његовог сјаја магичну игру преплитања живота и смрти, претапања постојања у непостојање и обрнуто; или га непомирљиво види као непостојање опасно приближено управо тамо где сан не обавија душу ни небо земљу, где се семенка створеног не распрскава у семенку творачку, где не израста мистично стабло живота, чија је крошња – васељенска. Човекова мера је трајање сунца; његов домет – распростирање Месечеве пређе.

Тако и јунак Петровићеве прозе није један, већ је облескивање више ликова. Јер нису ли њих осморо само варијанте главног лика који не постоји без осталих, а сви заједно су Потковичари судбине, у потрази за самима собом. Али у описивању првог, најужег круга своје природе, истовремено су окренути и оном најширем и најпотпунијем – плавој кугли – постајући носиоци једног древног неба. Тако израста и нови Атлас, на прагу нове Хипербореје, земље где су сусрећу ноћ и дан, и која, обавијена сновима, у вечној хармонији спаја и детињство и златно доба у пределе среће.

Атлас описан небом, зборник невидљивих карата, које не представљају ни земљу ни небо, ослонио се тако на знаменити плави круг у коме је звезда. Ништа необично, за аутора чији је стваралачки принцип заснован на уверењу да се знањем прибира развејано саће *Вавилонске би-блиотеке* и да се маштом све познато раствара да би изнова започело. Барокни описи само машти познатих антологијских експоната, светлост у школци сенки, „пропустљивост душе", проходност живота и смрти, порука у савитку укрштенице, „пасијанс-поетика" напокон, која слаже нај-ближе али и сасвим по сличности удаљене фрагменте своје визије, реал-ност и иреалност, као свет уметничке безусловности, као у Павића, Киша, Црњанског, Борхеса, Калвина... А опет сасвим другачија, окреп-љујућа у својим вибрацијама новог. У свакој реченици пуца њена вла-стита ниска, речи се растварају у непознате цветове нових мириса, мирисних значења. Тако заправо и свиће та нова Хипербореја, на месту где се сунце и месец срећу, те се непрекидна игра сребрног и златног сли-ва у плетеницу, мистично здружених принципа живота и свеживота, ви-тализма и наде, мушког и женског, духа и душе, додајући јој, у безмерном простору византијске плаве боје, и мистичне, сакралне златне прелив узлета љубави и сребрнасто ненаметљиве мудрости.

А књига маште, у којој су знања и златни одсјај олова Гутемберго-ве галаксије у исти мах реална и фиктивна, ослоњена је на архиве та-кође двојне – стварне или прекривене илузијом стварног. Мада је та илузија унеколико стварност: фиктивне књиге наведене у „Изворима и литератури", аутору толико блиске, као и слике познатих и непозна-тих галерија, заправо постоје, јер постоји невидљиви састојак њиховог писма или боје, онај који је влажио перо или кичицу толиких стварно ис-писаних књига и слика. *У њему* је драж и моћ хамајлије која нас кроз ову чипку води: „Одраз слова Алфа, љуспица свода"... и толико маште колико садржи пена што се љеска од једне до друге корице ове атласне књиге.

ПОРТРЕТИ НЕСТАЈАЊА

У *потпалубљу* Владимира Арсенијевића

Роман Владимира Арсенијевића (1965), кратка проза, сачињена од три поглавља која означавају временски период од свега три месеца поткрај једне године, издељена потом на још мање целине-епизоде, са-жете до забелешке, могао би се доживети као фрагмент истргнут из готово јувеналног дневника, да му управо година којој припада, 1991, не даје обележје паклене хронике. Управо на том *укрштеном смислу* почива игра значења која творе делотворно језгро ове невелике књи-ге, једну врсту синтетизовања различитих видова искуства генерације која преживљава своје клонуће у добу које биолошки означава праг зрелости. То заустављено време, испуњено тешким и прескупим парадоксима што косе сам корен живота заробљујући и косећи његову младост, одише тмолим дахом поремећаја, издвајајући га у просторним његовим оквирима (као престоницу једног бившег живота) истовремено и дахом изолованости, самоприпадања, уоквиреног суморним вечерима што су се јунаку романа чиниле „некако љуспасте, и зелено-жуте, попут нездраве смегме“, док је његова властита присна везаност за ововремени фетиш, младалачку мајицу, попримила и знак својеврсне супституције за живот који је тешко поднети у својој кожи, која се не може одбацити, за разлику од тог привлачног и привременог знака идентитета што се у једном часу може отурити као „неповратна верзија себе самог: велика тачка на крају варијабилног поглавља“.

Симболична покривка, сан, маштање, омамљеност неком од дрога, стални и различити покривачи за Умор и Кривицу, један су пол овог стегнутог и парадоксима изрешетаног света. Други, ако и не представља претерану разложност и аналитичност (што од јунака ове прозе нико и не тражи, понајмање он сам) успева да разлучи основно – недостајућу топлину и потпорну снагу нормалности, оличену одсутним, умирућим, несталим, избеглим ројем генерацијских сапатника, или преосталих: дилера, профитера, подводача, деце-ратника, рањеника, исељеника, самоубица, који на месту на коме иначе почива и успева живот, остављају само гнојну празнину ране – метафоричке и дословне смрти.

Проза Владимира Арсенијевића и поред тога не пати ни од патетике, нити од било каквих политичких и идеолошких расуђивања, филозофских и етичких судова. Пратећи једноставни пулс живота, устрашености и упрепашћености пред моћима Наредбодаваца, (не)моћима Извршилаца, различитостима међу истомишљеницима, прилагодљивостима и неприлагодљивостима, необичним обртима које нуди обичан свакидашњи живот суспрегнут изванредним тензијама и растворен по шавовима пуцањем на најмање очекиваним тачкама човекове психе, она ипак општост фатума одсликава непоправљивошћу сваке индивидуалне грешке, ненадокнадивошћу сваког индивидуалног губитка, фаталношћу истински трагичних и апсурдних преобраћања светова вредности, који омогућују искорењење живота и живот у смрти. Отуда и два додатка наслову ове прозе: наднаслов *Cloaca maxima*, и поднаслов *сапунска опера*. Први сугерише могућност да преживи само још отпад, други, могућност прскања последњег мехура који штити привиде и заблуде.

Стил овога аутора, саткан од живахне и свеже ироније – јединог извора дистанце спрам вишеструког хаоса – као и од неконвенционалне и лежерне нарације пропраћене жаргонским гегом, колико и гласа непатвореног сентимента – близак је здраворазумности, али и исконској снази живота, као једином небу које се под овим небом може наћи:

сталног додира са властитим унутарњим светом емоција и савести. Уз готово документарну снагу два апендикса (*Комӣилација смрӣи, Хроника одбеӣлих*), ова проза дефинитивно задобија ознаке специфичног веризма, затамњеног путовања по опустошеним пределима, пределима Смрти, да би из озрачености последње инстанце људскости и наде, мефаторички исказане присуством још нерођеног детета, достигла и вредност имагинарног путовања, топлине и заштићености првог и последњег уточишта, под плацентом, у привременом потпалубљу.

Без превеликог романескног плана, али и без оптерећења амбицијом, и без приповедачке задиханости, проза Владимира Арсенијевића плени управо непретенциозношћу, даром да најтрагичнија збивања и општу несрећу обоји животношћу непосредног искуства, кристалишући у њему простор и време. Спонтана и на моменте неуглачана (али нерасплинута и на свој начин одмерена), она у фрагментарној опсервацији проналази залихе енергије и уметничке интуитивности којима разједињена и противречна искуства својих јунака изводи до типских линија атипично начињеног снимка индивидуалне и колективне патње и смрти, не нудећи, исто тако атипично, ни нове заблуде и замке брзих искупљења. Готово ништа сем искрености, уверљивог групног снимка и ауторефлексије, али и заметка наде, који такође спадају у уметнички простор отрежњујуће визије, али и једног омеђеног, готово минијатурног, дирљивог људског сна: о постојању.

ИЗУЧИТИ ЉУБАВ И БЛАГОСТ

Писма из Шӣаније Гордане Ћирјанић

У збирци поезије *Горка вода* (1994) Гордане Ћирјанић наишла сам на две песме које су ми и у каснијим читањима задржавале пажњу: „Жеђ за знаком“ и „Жеђ за знањем“. У првој су, простором између реке и неба над Београдом, исцртани тајанствени судбински сплетови, који једног човека из далеке земље, „згуснутог Шпанца“, доводе, раних тридесетих, у савску луку, одакле ће четврт века касније, као из новорођене звезде, потећи сан једне младе жене и жудња да га сретну и нађу, а са њим и своју чудом досуђену другу домовину. „Жеђ за знањем“, опет у етеру, овога пута као траг изгубљеног, проналази стварност непролазности, љубави и „више свести“, необични спој *сӣрасӣи и духа* који, оличен фигуром вољеног човека и вољене земље, прераста у чист, *зӣуснуӣ квалиӣеӣ*, са кореном у помешаном осећању преобиља и рањености, дарова и губитка, као непрекидан титрај меланхолије али и ретке среће испуњења – једном сан претопљен у живот, потом оствареност избегла некуд „изнад и мимо земље" – како кажу стихови.

Тај простор „изнад" нека је врста *овере* која узбудљивим, сновним подударностима, потврђује реалност, којима се та реалност чак и удваја, остаје запамћена и трајна, још једном проживљена, ван своје крхкости и пролазности, у естетичкој реалности песме. Мислила сам тада на Црњанског, на вечну симболику његових веза „непротумачених и неизвесних", али и на његове *неминовности* које у *даљинама* читају нешто „свемогуће и свезнајуће", и тако сам разумела не само везу између две песме, већ и амалгам судбине и осећања, који *жеђ за знањем* и *жеђ за знаком*, још једном, и још отвореније, и на други начин богатије, сочније и спиритуалније, потврђује књига *Писма из Шпаније*.

Писма, фрагменти из репортерске бележнице, жеља да се не прекине нит између два удаљена а једнако блиска простора, љубав која их удружује и мимо њихових реалних иако не и многобројних историјских и културних веза, а која се као слобода избора – неомеђени простор духа – исказује као неограничено подручје радозналости, ненаметљивих упитника и децентног сабеседништва, нова су форма казивања чисте радости откривања и дубине открића. То је специфично осунчање ових дописа, његова хумана и естетичка визура посебног реда која твори *поетику по себи*, јер је она, проистекла из живота, истовремено одраз његове многолике, питорескне жеђи, колико је и духовна страст, љубав потврђена дубљим и даљим знањем о неисцрпности себе саме. Књижевна документарност њеног реалног врела у Гордане Ћирјанић је оплемењена и продубљена свежином интелектуалних и медитативних референци што њено новинарско штиво уводе у неименовану породицу жанрова која одише животом и поезијом истовремено, двоструком кристализацијом – репортерске и уметничке истине – коју прожима индивидуални, рафинирани стваралачки тон, уздигнут изнад рефлексивне произвољности и сентименталне пренаглашености, иако окупан *мишљеним* и *сензибилним*.

Поштујући простор речи, који у тежњи за комуникацијом и озрачењем, информацијом и коментаром, тражи згуснутост, ауторка је књизи дала печат селективног, сериозног и низом година грађеног приступа могућној есенцијалности свог виђења и доживљаја Шпаније. Она ју је, тумачећи феномене свакодневља али и културе овог поднебља (стављајући их у неминовни историјски контекст и оцртавајући његову рељефну драматику), понајпре идентификовала као исконски контраст унутар националне природе, у самом корену шпанског бића и културе, која и у својим најмасовнијим и најелитнијим манифестовањима исказује спој снаге и сентимента, зачудну, понегда и језовиту прозирност танког руба што дели (готово спаја) не само господственост и беду већ и живот и смрт, тамним жаром који врхове подвижништва растапа у губитништву, трагику овенчава мучеништвим, и сваку аутентичност ван контекста истинског отпора доводи на праг своје супротности – пољуљане снаге и сумњивог укуса. Та *филозофија сенке*, самога руба, којом шпанско биће понајвише исказује своју потпуност и дубину, потекла из специфичног националног самоосећања и прерасла у естетику, за Ћирјанићеву оличена Лоркиним „врашчићем" што у себи сажима дубину шпанског духа „опчињеног светошћу и смрћу", истрајно води и надахњује ауторку у њеним истраживањима данашњих феномена свакидашње и стваралачке културе. Њено *балканско ходочасништво*, које и у излогу провинцијске фотографске радње („Коњи умиру") и на лицу Ћавеле Варгас („Црни звуци") управо кроз такву призму чита Шпанију, луцидним запажањем и изузетном снагом, оригиналношћу и пластичношћу описа, који ће се поновити и у рашчитавању загонетних контраста у стваралаштву различитих домена (од Унамуна до Буњуела, од драмских и прозних писаца до песника, али и на трагу историјских записа, па и језгровитих Андрићевих доживљаја Шпаније).

У веома добру композицију књиге, која се отвара за ауторку ван сумње парадигматском поетиком новинарства као поезије (разговор са Хосе Антонијом Новаисом, легендом шпанског новинарства, узором и учитељем) а закључује бриљантним преводом Лоркиног огледа „Игра и теорија дуендеа" уткан је и један вид сталне *стваралачке носталгије*, која припада не само писцу са две домовине, већ и природи која имманентно у себи носи дубоки осећај споја радости и стрепње, Лоркиног „бола кроз драму", нечег специфично шпанског, али и специфично личног, судбинског, испод чега пулсира властита „унутарња мелодија", због које књига у завршници и појединим сегментима добија знак ненаметљивих личних посвета. Али не само Шпанији, не само животном сапутнику и животном сапутништву.

Још једна носталгија, *за историјом*, окренута нашем поднебљу, и нашем времену, осећањем што, како би Црњански рекао, „грли словенство", у историјским турбуленцијама и замршеностима тражи, поучено густим животним штивом друге домовине, пречишћен и јасан траг о историјским и културним коренима, из којег би могло обновити снагу и изнеговати своју аутентичност.

И ето нас опет код Црњанског. Није ли он у Објашњењу „Сумматре" говорио о немиру што „из земље, из времена нашег, прелази на нас". О новом сентименту, *новим састојцима у страсти и болу*. Седам деценија касније, управо таквим сентиментом, и жарком, интелигентном и понекад бизарном радозналошћу, са којом је некада рашчитавана Тоскана, Немачка и Париз, са истим мислима које, *на даљину*, јасније виде овај наш живот, што изнова је, као негда за Црњанског „наг, уморан и страшан", стижу *Писма из Шпаније*. Продубљена *дуендеом*, али не мање *словенским болом*, аутентичног погледа и израза, писана високим стилом јединствених минијатурних огледа, и озрачена духом који је, као и љубав, неограничен. Писмом дакле, што спаја жеђ за знаком и жеђ за знањем, и којим се може изучити и изрећи насушност, или, „љубав и благост", како би рекао Црњански.

ЈАСНОСТ И ТАЈАНСТВО

У земљи Магије Анрија Мишоа

Путовање и *сневање* невидљиве су корице песничког дела Анрија Мишоа (1899), једног од најзначајнијих француских песника двадесетог столећа. Корице које се, дабогме, могу само ширити у својој транспарентности. Јер, у стварности путник, морнар, сликар, овај песник који је оклевао у писању – да га то не би „спречавало да сања" – управо се реалношћу новооткривеног и одсањаног искуства учи да „пише и сања у исти мах", како стоји у белешци о писцу на корицама ове драгоцене књиге. Односно, да писањем „рашчитава" имагинарне и стварне пејзаже, који су за собом остављали, ако не сасвим заборављен, бар свакако умањен и занемарен простор увређености у тзв. стварност, у колотечину, у занате живљења и писања, који су овој страсној и суптилној трагалачкој природи могли предстаљати само усудну тегобност.

Бег од ње је истовремено могао значити бујање једне посебне стваралачке снаге, способне да замени не-живот који се *потискује* и *истискује* (споља, дакле, и изнутра) што подрзумева Мишоова „поетика егзорцизма", али и његова збиљска „реакција снагом", стваралачка егзалтација доживљена као *чудесно стање*, зрачна лопта, о чијем фасцинантном распрскавању и моћима сведоче дела која пише од 1930. до 1945, у распону у којем настаје и књига поетске прозе *У земљи Магије*.

Да је „земља Магије" специфичан, неутврђени, пулсирајући, живи свет духовне магме, али и списатељски *опит* по себи, сведочи њена одвојеност од свега познатог (бове-мртваци који су њен појас заштите и осматрања) што би неодважни потражили као подупираче и заклон при ступању на њено тле. Двозначност ових бова (које објављују, истовремено, да све из претходних живота мора бити мртво, заборављено, колико предсказују најнеобичнија чудеса нових оживљавања) увод су у бивање твари, ослобађање од сваке врсте заточења и тескоба – невидивим лепетом, ваздушном медузом, грађњама које се темеље на самом потезу кичице, заправо, отварање су могућности укидања познатог света, и његове „психичке ненастањивости", како би рекао Мишо, анализе сваког хропца и сваке омче око спонтаног и природног дисања које се разастире тако далеко и тако невидљиво моћно да може понудити „аспект сасвим различит" од уобичајеног и знаног, а самим тим и паралелно искуство „очаравања и ужасавања", уклањања и самог хоризонта, који чини све ствари, појаве и бића *прозирним*, и тиме изазива вртоглави страх.

Песничке синтагме („раскршће ветрова", „врата воде"), сновидовни феномени (ходање двема обалама, израстање дрвета које „туче своје гране“ док не утону у круту равнодушност, „парализа уља“ и други видови анализе „кретања материје“) нису само фигуре, већ духовни инструменти невероватних могућности продирања кроз уобичајене аспекте времена, простора, чујности, опипљивости, до сензација које могу уродити сасвим другачијим плодовима, ослобођеним терета већ давно успостављених ланчаних спрегова узрока и последица наших доживљаја, који губе смисао, јер губе лепоту „живог живота“. Стога је Мишоов плод од оне врсте која истовремено нуди сласт истинске моћи откривања и стварања, као незамењиве чари *дешавања*, али и горчину погледа с оне стране, који човеков свет, овакав какав јесте, види у суморности његове крутости, наопаких, извитоперених и лажних утемељења и њихових последица (хуморни или иронични одсеви текстова „Трака преко очију“, „Постављачи жалости“) или пак „нељудске бруталности и непромишљености“ која је препознатљива из низа песама („Слободна архитектура“ и друге).

Лишавајући своје поетске слике уобичајеног реда и хармоније, чинећи их бизарним и за обичан поглед „хромим“, Мишо их свесно изводи из равнотеже, у мери у којој доносе, са једне стране, готово апсолутну новину, а са друге, управо тиме оштро рефлектују овај свет у његовим спутаностима, несавршеностима које се проглашавају законитошћу, странпутицама које изневеравају веру у чар добростиве, продуктивне равнотеже што подједнако уважава лепо и страшно, доброту и разоткривање, приврженост и страст.

Чар Мишоовог поетског простора је чар чудесне спонтаности, готово детиње свемогућег откровења првине дешавања, отварања имагинативних вратница у живот дамарања и тиме непрекидног рађања живота. Језик је при том основа ове поетске градње, његовом непатвореном свежином указује се сам стваралачки потенцијал, говор промене и истовремено испитивање сваког створеног биљура. Укидајући посреднике између „посматрача и крајолика“, дочаравајући поглед кроз нестварно у постојеће, он је у основи тај који се опредељује за живот у рађању („размотак“) насупрот свакој капсули и овојници („епифеномену“). Сензација живог живота, доминанта Мишоовог дела, пулсира у језику, новом знаковном систему утемељеном на имагинативним моћима и новој сликовности. Означитељ и означено су, свако за себе, у кретању, гибању, у промени, а потом у прожимању, да би се поново раздвојили и напајали новом свежином. Радосно дејство магијске спонтаности, *праг екстазе* – рекао би Мишо. Непрекидно се чују удари непостојећих врата, а тамо куд она воде већ је будућност.

У деликатном задатку превођења, Јовица Аћин је понирао у Мишоове песме као *стваралачке ситуације*, прегнантне, до прскања, пуне разноликих, до краја нерасплетених путева, који, изричући јасност, подразумевају тајанство.

БОЈА ЖИВОТА И СМРТИ

Приīушено црвено Јеруна Брауерса

Роман *Приīушено црвено* најчитанији је део трилогије чији је аутор савремени холандски писац Јерун Брауерс. Ова књига до сада је у Холандији објављена у шеснаест издања, а преведена је и на немачки, пољски, енглески, шведски, норвешки и француски језик.

Успех овог романа из Брауерсовог опуса (који иначе обухвата и есејистичка и драмска дела) састоји се свакако и у чињеници да је њиме писац, на особен, у духу модерне, вишеструко разломљене али и високо надахнуте прозе, начинио споменик Мајци. Понајпре својој мајци. Када на уводним страницама књиге аутор каже да је реч о једној од хиљаду мајки, читалац у први мах и не слути да ће веома брзо иза овог општег места избити драматична повест, породична сага у трагичном гашењу, у којој је све далеко од конвенционалног и општег, готово ексцентрично померено, до граница које потврђују да је свака породица „несрећна на свој начин.“

Иза дирљиве, дечачки чисте и непатетичне приче и њених разбијених евокација, приповедач, као одрасли протагониста, себи ће непрекидно замерати управо безмерну чистоту неподозривости пред злом, којем је у најранијим добу био сведок, али ће га и непрекидно оживљавати – будући да се у тој причи крије и аутентична повест о пишчевом детињству. Рођен 1940, од мајке Индонежанке и оца Холанђанина, Брауерс је последње године рата (1943–1945) провео у јапанском логору на Јави. Управо у једном таквом логору његов књижевни јунак изгубио је баку, безмало и сестру, а у једном сличном – деду, док му се отац такође налази у јапанском заробљеништву. Страдања мајке, у тренутку када досежу врхунац под јапанском безумном тортуром, јунака уводе у лавиринт слепих улица психе, у емотивно бекство од оне коју највише воли, поражен болом и понижењем који су јој задати. Читав живот јунак романа проводи у привидној неосетљивости и пасивности полусна, у лажном миру који му пружају средства за умирење и алкохол, у привидном блаженству притворног раја у који је гурнут готово као у продужене кругове преживљеног пакла. Његова емотивна блокада допринела је чак осећању да је мајку изгубио и више пута – између осталог, и онда када је предат на поратно школовање у католички интернат, што доживљава као брутално раздвајање од природне мајчине топлине, уз то и као изневеравање *свеше везе* (једина права светост у коју Брауерс верује почива у односима међу људима) оличене најлепшим и најтежим тренуцима његове детиње меморије, чије рањавање подстиче нове емотивне забране и јунака води иза бедема који је све компликованији и неразрушивији.

Тек у свом каснијем, накнадном, „другом животу“, како аутор схвата своје списатељство, животом у књижевност, за коју се определио вођен магичном мелодијом дечје књиге на матерњем језику (тешко стеченом мајчином рођенданском дару из логорских дана) јунак се суочава са потпуном истином свог пређашњег живота, управо уверен да је његова професионална, *надлична* мисија – незаборав, сведочење о страдањима, крвницима и жртвама – та која мора надвладати његов страх и емотивна бекства. Испод ове, „реалније“ приче, књижевне, ослобађа се и интимна; прва је зрелија, потпунија, отворенија, показује се као шири отвор објектива, који обелодањује све од чега се јунак ове приче повлачи и скрива.

У лајтмотиву књиге – да „не постоји ништа што не дотиче нешто друго“ – у ветру који се диже и одлази, али негде у свом колоплету чува и тајно место у коме се стишава – у омаглици која обавија мајку, једном давно тако одану, потом све удаљенију – као да је рубац којим маше све дужи и дужи – Брауерс гради апотеозу једног односа који је заправо нераскидив у свим својим видовима и нијансама, чак и онда када се чини да је одбачен. Однос према мајци је потврђен, али и замагљен, у сваком тренутку када се јунаку чини преболан (због њених патњи), када је он тај који њу одбацује, као што му је несношљив, када му се учини да је она занемарила њега. Неспремност да прихвати Лизу, жену којој је најдубље склон, реплика је страха и неодољиве привлачности и исконске топлине коју осећа према најближима. Њен лик се стога претапа са мајчиним и одблескује у едиповском комплексу, водећи у неутаживу чежњу за утапањем у безболност пре-рођења, невине даљине и чистоте, у окриљу саме Деве заштитнице – бивајући тако тек један психолошки круг иза кога се одмах отвара други, пун потирања, у знаку црвене боје што симболише патњу мајке, патњу *његове* мајке, водећи јунака у беземотивност, презир сваке сакралности (до отуђења као другог лица сакралности), у сарказам и суицидално предавање чежњи за повратком у пренатално, у космичку празнину – што у реалном Брауерсовом животу бива исказано његовим истраживањем феномена самоубиства холандских и белгијских писаца.

Овај роман чудесне лепоте – затамњења и оштрине, потирања и одржавања ватре живљења и човекових емотивних врела и тајанствених психолошких дубина – обавија читав један сегмент историјске повести о којој ређе читамо и мање знамо, дирљиву породичну причу и дубоко прикривену личну драму, али и законе деловања човекове психе, њених искошених и загонетно условљених механизама, у мрежи сплетеној од снова, подсвесних разбуђивања, у игри скривања и проналажења.

Одлично компонован, саздан на нежности и суровости, врсном познавању књижевног умећа, широкој примени дубоких симбола који обједињују сегменте, фантазме и збиљу овог прекрасног штива, роман је такође и успешно, изнијансирано преведен, са пуним смислом за рескост и суптилност, далекосежно вибрирање кључних мотива и симболике, као и разноликих лексичких слојева и њихове разуђене семантике.

ЧАРИ РУЖНОГ ЧУДА

Љубав је нежно црево Алда Бузија

Приповедач који је свој први роман објавио тек у четрдесетој, Алдо Бузи (1948) данас важи за једног од најдаровитијих италијанских прозних писаца. Преведен је на све веће светске језике, веома читан, иако се сматра „интелектуалним писцем“. Бузијев однос према књижевном жанру, форми и језику, побудама и циљевима писања, његово прозно дело увек претвори у својеврстан есеј, у расправу о одређеној књижевној теми, колико и у специфичан књижевни захват, који излаже сумњи и темељном оповргавању сваку конвенцију и беспоговорно прихватање социјалних, историјских, етичких категорија или људских односа, па и њихово књижевно рефлектовање – будући да је њихова природна растресеност, сударање, и суштинско трајно преобличавање у исто тако природном отпору дефинисању, сваком намерном преудешавању за вечност или према сврси изван односа самог, те Бузи и литерарну форму или жанр чини унапред отвореним за лов неукротивих животних аутентичности, у мутним, још неодређеним и нарастајућим или тек исписаним наносима стварности, при чему је задатак писца да им не одузме оно што по себи већ поседују – подухватајући се при том онога што и јесте у домену писца – претресању жанра, скидању бурми што су, у већ предугом браку са истрошеном материјом, урасле у још дубљу истрошеност. Чудесном и освежавајућом иронијом Бузи означава повратак значењу, смислу који обавија индивидуално постојање, готово чедно у свему што га одликује. Те животне бравуре и изненађења писац премешта и на језичко поље, чинећи тиме виртуозном игру рађања – не фабуле – већ сваке појединачне честице приче, језичког осветљења, маштовитом креацијом која почиње испочетка, по мери тренутка који са правом може припадати само једном трену у времену, и само једном писцу у књижевности.

И зато, када Бузи временски прослеђује збивања овог романа у „привременост“ послератног времена, које ће у „ Италији као и међу другим пораженим народима поново почети да се окончава 1990, са тридесет година закашњења на оних двадесет година раније, тако да је заправо једини начин да се заврши са једним ратом започети неки други или га бар имати негде на видику", и када своје исписнике види као „тренутно поштеђено месо", између оштрица догађаја којима нису припадали и оних који се слуте, Бузи циљ својих јунака и властиту поетику одређује у једино могућем сазнању да је дошао ред на њих да живе, *ратујући*, будући да се и ова категорија живљења може и мора преместити на индивидуални ниво. Бузијеви „живи портрети" који, у малом Фијатовом бару, наслеђеном од оца, на раскршћу провинцијских неискустава и живота „скинутог" са филмског екрана и из мистично еротизовних канцона, између славе бивших ратника и перспективе сивила утабаног породичног и друштвеног живота са већ упрограмираним понеким скандалом, *војују* стварност за себе, као нигде и никад пре зготовљен рецепт самопотврђивања и залогу опстанка. Бузијеве јунакиње, непоучене и недоучене фабричке раднице, шизике-јединице, мисионарке, сестре у рођачком или самилосном смислу, наивке и професионалке по питању илузије стварног, уписане ето сада у реалку, и на курс преписивања снова из љубавних романа у живот и обратно, са једином питањем да ли је то заправо могуће, и са једином одговором да је изгледа једино тако могуће, и да је, као и у сваком рату сна и збиље, „иманентног" и „трансцендентног" много при том рањених, улубљених, контузованих, али и спремних на нове устанке и буне, на привремену наркотичну смрт – као онај сјајно осликан еротски живот-фантазија јунакиње назване Златна Неман, и самог еротског лајтмотива мини романа софистициране сељанчице што живи у вењаку трешњевих стабала: „Такав пут могао је да води и у смрт, али ваљало је учинити нешто да би се допрло тамо до дна бунара – попети се на трешњу, да би се крале трешње..." Овај рат, између протагонисткиња пословично слабог вида и њихових идола (све одреда млађаних, а по правилу ваздухопловаца, од којих је један предмет дивљења самог писца) који опет, са својих висина, добро виде управо ту залуђеност и слепило – спрега је вечне и неуништиве женске склоности ка висинама и погледа копца, прецизно устремљеног али и спремног на бег – поприште је дакле, једне велике и праве битке, и ето широког поља писцу за право његових јунака на *властиту грешку,* у властито време, пре но што одзвони час и та читава генерација буде понижена чињеницом да је њено присуство на земљи одједном постало „смртно и сувишно" и да је на прагу нови рат у којем су ветерани отписани. Не бити отписан, одвучен беживотним таласом који у наше име неко проглашава нашим пре времена, пре но што се алхемија сна потврди у физиолошком раствору и опису аутентичности самог опита – за Бузија је становити распоред снага и оружја, што значи и сталних неспоразума, питање како из живота (са тапета његовог бара као позадине) издвојити *типове,* добро их опремити за успон и пад, прибележити ране и ожиљке и *доћи до сазнања.*

То што су она најблаже речено двосмерна, како показује пракса (спојени судови противречних протицања смисла, стидљивост љубића и феминистичка борбеност, и тако даље), и вишезначна, како показују теоријска ревидирања и статистички узорак, и то што ни најпозванији (као деведесетогодишња Лиала, на пример) немају одговор на питање шта је љубав, омогућавају писцу да га означи ватрометно, *расйрскавајуће*, у варијантама које су некоме пресудне, неком неубедљиве, како већ и бива, и како је сасвим у духу Бузијеве правдољубивости којој је примерен сâм метод: бујање фигура, језичких слобода, у самом осликавању предмета пак, крајња разноликост искуства, којој понајвише одговара малена посвета на почетку књиге: „Нама!“ Или пак бура око малих језгара, јер „Љубав нема разумевања, осим према непроцењивој бруталности сопственог неочекиваног стида и запоставља своје жртве у самом тренутку у коме решава да се њима бави“. Та дивна језичка пена, која се разлеже и поново скупља, јер љубав која „чини мост истовремено је и струја која неумољиво раздваја“– та горчина сласти, јер „љубав је болест, а ако није неизлечива болест, онда и није љубав“. „Ружно чудо“, које изнова покреће свет, чудо је рађања из пене, и пораза, и зато је пренебрегавање канона оно што Бузи неизоставно чини.

У преводиоцу је нашао сјајног интелектуално напрегнутог и иронијски ослобођеног партнера. Зато је књига о љубави Алда Бузија књига за вишеструко прељубништво.

КЊИГА СВЕТ

Најкраће йриче на свейу

Када је 1975. године часопис *Градац* објавио избор под називом *Савремена свейска йрича*, његов приређивач Давид Албахари је у предговору *крайку йричу* поставио као параметар развоја и успешности националне и условно речено светске литературе. Јер, управо у разноврсности у којој се ове књижевности обликују, стилски, жанровски, у дисперзивности праваца којима истражују однос према стварности и напосе према књижевном писму, кратка прича својом формом чини највидљивијом тежњу да се изгради *идеалан йрозни модел* и у тој својој тежњи, преламањем уходаних путева, прожимањем жанровских и стилских одлика, *зґушњавањем ексйеримейа*, изражава и најпрегнантнији напон — колико у индивидуалном стваралачком смеру толико и у ономе што вођено и усавршавано овим изазовима може бити схваћено и као поље *заједнишйва у Идеалу*. У свему осталом, разуме се, ове прозне форме остају управо оно што су – модели по себи – непоновљиве стваралачке авантуре.

Отуда можда потреба за зборницима. Лексиконима моделâ. Определивши се овога пута за *најкраћу причу*, Давид Албахари, и својим ауторским радом везан за истраживање прозних форми, упућује свој захват ка још специфичнијим просторима прозне нарације, и потом ка стваралачкој и наративној имагинацији која је од почетка века била уграђивана у прозно наслеђе аутора бројних генерација или као целина или као фрагменат (функционишући све више као фрагменат-целина), а своју пуну улогу потврдивши управо разбијањем великих наративних система и заокружући своју поетику у књижевности последњег раздобља века.

Поетика сажимања налази упориште у стваралачком доживљају света који као идеалан и целовит заправо не постоји те не постоји ни дефинитаван исказ о њему. Критеријум који је Албахарију омогућио да изгради јединствену подлогу у склапању *различитости* налази се управо у препознавању стваралачког импулса који у сажетости приче не види изазов за исказивање целовите стварности већ за њено *препознавање*, посредством истовременог увида у деталь и његово значење, функционисање у непосредно изреченом, али и неказаном, у белинама, тајним просторима прозног писма, у размеђама и прегибима између видљивог и невидљивог, актуализације поетских категорија, наглашене имагинативне компоненте, али и наднетости над сам појам приче и фикције, јасне свести о постојању и дејствености у систему знакова која кратку и најкраћу форму исказује као разноликост Форме. Отуда је знатан простор ове књиге посвећен стваралачким следовима оних класика уметничке опсервације и делања овог кова: од снажних пробоја реализма у новим преламањима једног Буњина, до оног размештања улога и значења стварносног и фиктивног, доследно ирационалног и уверљиво апсурдног и фантастичног у пробирљивим и каприциозним надреалистичким језичким захватима, од Валерија, Аполинера, Мишоа, до Бекета, Музила, Кафке, Јингера, Грина, Ландолфија, чије прозно, драмско или поетско искуство значе управо онај стваралачки предзнак који ће омогућити даљи развој кратке форме који прати и овај избор, ослањајући се, разумљиво, на узорни стил једноминутности једног Еркења, легендарног Хармса, и надаље генерацијским таласима ка Берхарду, Елистеру Греју, Маргарет Етвуд, Хандкеу, и незаобилазним, дакако, Барту и Куверу, Бикселу и другима, у нас каткад и непознатим писцима из јужноамеричке, пољске, мађарске или монголске литературе. Огромна подручја смештена су између поетичких опција, стваралачких оптика, каква је, између осталих, *књига-свет* Станислава Винавера („Била је пуна разноликих, час кривих, час укручено правих, час ситних и нечитких, час крупних и разговетних, ћудљиво набацаних, црта и шара“), до Хармсовог „Сусрета“, језичке објективизације тренутка случајног уличног размимоилажења два човека, у једној реченици, са акцентом на другој: „То би, у ствари, било све.“ И опет за корак даље између овог „све“ и једног „ништа“ у причи „Сасвим обичан живот“ Курта Швитерса, о оној вечној тежњи да се исприча прича, које у овом случају и нема, коју чини заправо *читање* између редова, стваралачки учитан подтекст једног фрагмента разговора две жене на тржници – уобличујући тако, као и читав низ других кратких прича ове књиге – ону уобичајену постмодернистичку причу о причи.

Ауторски печат садржан је у занимљивим огледањима у домену кратке приче оних аутора који су карактер свог списатељског звања остварили у другим формама прозе, или књижевности уопште. Трагови тог доминантног искуства налазе се и у микрооквирима и штиву кратке приче романсијера̂ (Турније у својој краткој причи даје мали роман), песника̂ (који су увек и свугде песници: Борхес, Херберт, Ерих Фрид), драмских аутора (од Брехта до Шепарда), новинара (Буцати). Прича живи живот параболе, анегдоте, фрагмента, извештаја, шале. Приче-објекта или метаприче. Постоји у виду само једне реченице (једне за сваку од „43 љубавне приче“ Волфа Вондрачека) или оне Басарине „Реченице истргнуте из контекста“.

Све је то прича. А она још не зна за све облике којима може бити. Зато је развојна компонента литературе.

Овај зборник незгодан је за писце. Привлачан, на душак се може испити, и повести перо. Они треба да га знају, а не да га памте.

Најзгоднији је за читаоце. Они могу и да знају и да памте.

УКУС БОЛА

Промена оружја Луисе Валенсуеле

„Она је одважна, не зна за аутоцензуру и уступке и потпуно је свесна језика којим се користи“, пише Хулио Кортасар речиту препоруку за дело аргентинске списатељице, којим је Валенсуела (рођена 1938, аутор неколико романа, али и неколико приповедних збирки) најупечатљивије освојила свој простор у латиноамеричкој књижевности.

Збирка од пет прича, од којих је свака (чак и када је замишљена као фрагментарно искуство) специфична *наративна целина,* указује на то да управо освајањем форме и језика Валенсуела остварује и снажан порив освајања стваралачког идентитета – као таквог – у језику, књижевности и временској стварности којој ово дело припада. То искуство добија специфичан значај када се има у виду да се свака од наративних целина згушњава око „материјала рођеног у очајању писања“, како стоји у уводној причи, чији аутор је, како Валенсуела брижљивом дистинкцијом настоји да нагласи, неко други, а не она, која својом прецизном, оштровидом и сензитивном реченицом тек бележи трагове тешког и опорог писма којим се, у својој дугој историји, репресија утискује и данас, утолико више и дубље уколико је снага идентитета коме се белег или жиг утискују, непронађена и неисказана. На кожи њених јунакиња, али много више у дубинским ожиљцима, ти *белези* постају *прозни лик*, настањен у мноштву тела која као напоредно сведочанство о ономе споља или изнутра, *одражавајући и изражавајући*, „чине део наративне структуре једног текста који ћемо исписати телом...“ (уводна прича „Четврта верзија“).

Приближена том и таквом *тексту*, Валенсуела је саживљена са телом; али, у неисцрпном таласању његових природних рола да буде живо, она ишчитава мотиве прозе као стварносног штива које има свог *означитеља*, тескобну, тешку, насилну и непромењиву структуру, другост природе, другост порива и страсти, други пол као партнерство, ривалство, противност, али и други ген као расцеп самог искуства људскости, иност која је тој људскости противна, онострана. *Сведочанство тела* постаје *сведочанство времена*, али како је историја репресија неугашена, та вечна садашњост је за јунакиње ове прозе, жељне даха сопства, уздаха самоослобођења, животног врења – вечност ватре и претња гашењем, потирањем – говор блиске будућности пепела, оног кôда који је исписан општим писмом репресије, а коме Валенсуела смело, животноотпорно, утискује нови лик, јер звецкање оружјем и еротску игру тако снажно види уписане у шире поприште битке, у стварност као сегмент опште историје зала која и надаље познаје једино *промену оружја*.

Видећи у својим јунакињама ваздашње власнице бола, Валенсуела је – избегавајући књижевни архетип амазонских или феминистичких набоја – најдиректније спојила склупчаност тела и универзалну симболику женског заокруженог симбола са самообавијеношћу рањене *индивидуе*, „вапај хормона“ са невидљивом руком духа, целовитост и самоспознају појединачног и колективног бића као први порив али и једини стварни азил (заштита, љубав, разумевање, јављају се у овој прози као евокације изгубљеног раја и као појмови ишчезли из најинтимнијег, општег а напосе политичког дискурса данашњице), најтананије нијансе унутарњег гласа са слухом за предвидив нови закон оружја. Ту промену значења – која спољни звекет замењује унутарњим звуком, а страх слободом да се сумња и учвршћује изнутра („... немој да се тражиш у огледалима, тражи се изнутра“, каже јунакиња приче „Реч убица“) Валенсуела истиче као *глас отпора* не само насиљу већ и привидима, маскама, покровима прилагођености, који их чине равним смрти. У знању себе њене јунакиње надрастају своју рањеност, стичу, чак и када не говоре, могућност да буду одговор времену, сваком ударцу урезаном у искуство тела.

Прецизно распознавајући перфидност насиља, Валенсуела га слика у тамној палети наративне сугестивности, али и сурово искушаним у сваком сегменту приче који наративну фикцију до крајње инстанце повезује са оштрицама реалности. Стварност пуца из еротичког набоја, из озлеђене коже, кичме, из бића, исто колико из ругобности спољашње збиље. Приче интиме стога израстају у специфичан мит, где лични и национални знаци идентитета зраче симболиком потраге за избављењем, и где, као у сваком миту, казивање о јунацима добија важност приче о стварности чије зарађене поларитете настоји да сачува од заборава, и понављања, што, међутим у читаоца не умањује њен мирис страха и укус бола.

ЛЕПОТА ЈЕЗИЧКИХ ЗДАЊА

Невидљиви градови Итала Калвина

Желети град у идиому ове књиге поетске прозе Итала Калвина означава прожимање ероса приповедања и естетичке и хуманистичке жудње чија је заједничка подлога посебно изграђена *филозофија освајања*. У њој се далеки предели називају именима жена из фантазије, снова или бајковите древности, будући да у њеном рашчитавању стварности и нема препознатљивих крајолика и здања; сваки тражи потпуну преданост *искуству градова*, разумевању *имагинарне потпуности* која подстиче путовање као жељу, која пак, кад се делимице оствари, располаже стварношћу сећања и улаже га у архитектонику нове непрепознатљивости и њеног откривања.

То искуство Марко Поло тумачи у кадени повести својих освајања једном од највећих освајача свих времена, Кублај Кану. Тиме Итало Калвино ставља на врхунску пробу номадску авантуру приповедања као језичку потврду сталне новине, кристалне чистоте и непоновљивости, која трага за смелом, фантастичком разменом означеног и његова описа, не пристајући на окованост и дефинитивост, те постаје тајна шифра о неком другом коду делања и вредности, која у приповедању о освајању градова крије еликсир вечне младости и свежине творења.

Годинама слажући делиће ове прозе (објављене на италијанском 1972), Калвино доследно разлаже своју сумњу у неопозиву важност реалности као подлоге казивања. Мало је тога што се у овој књизи дотиче препознатљивих историјских факата из периода петнаестогодишњег Венецијанчевог бављења у служби Великог Кана (који се радије сматрао кинеским царем) те се тако и значење чувених Путописа (1271–1295) у новом контексту Калвинове прозе мења, истичући димензију *живе приче,* која управо настаје, и рађа се за ухо радозналог и другачијом потком обликованог искуства Кублај Кана, као инспирисаног учесника у дијалогу што и сам упија знакове искуства и емитује их у *заједнички* језик, који градове чини могућим. Функција приче је тако, у постварењу приче, приближавањем њених саучесника, што ништа мање не истиче и различито устројство њихове жудње и поимања идеалних градова. Једно је у недокучивости, а друго, које се показало освојивим, тражи своју позлату у оку и причи сведока, слутећи да иза опипљивог стоји судбина трошног, којој чврстину може дати само ехо приче. Тако је у искуство градова уплетена Калвинова трајна заокупираност различитостима, и чежњом за имагинарним амалгамисањем у поетском и сновном, која, за разлику од ранијих Калвинових дела где (нео)релистичко полазиште, удружено и прожето фантастичким и поетским, ово стапање остварује на чистим поетичким претпоставкама супротности, дочараним и уведеним елиптичним репликама саговорника, али и на огромном пољу сугестивних набоја, активираних непресушном енергијом језичке фантазије. Брисање чврстих референцијалних ослонаца – у стварносној, историјској или језичку конвеницији – уродило је новим животом приче у игри гласова и њиховим измаштаним световима, сазданим од језичке росе и драгоцених каменчића који чине темељ сваке минијатуре.

И то би се већ чинило довољним као доказ непресушног ткања сликовног језика, да у основној замисли ипак нису *два лука меланхолије* чија двополност твори, у самој природи ствари, по Хамвашу, два сасвим различита *осећања бескрајности*: мушко, као вечну сферу, с оне стране живота, као бесмртност која жуди уклесаност у храм, еп, симфонију. И женско, као земност и осећање бескрајности пређе.

Знање жене – ткати живот – сублимно је надвладавање двојаког осећања пролазности: једног што у дефинитивности освојеног види ништавило, другог који се, како би рекао Калвино „опире празнини". Попут тканих призора, и ниска причâ о градовима у овој књизи је *каталог облика*, језичких здања, која уверавају и заваравају, одвајају од вероватног, у коме човек најчешће не доживи свој пуни сан о постојању, и отискују га у невероватно – као освајање онога што никада није имао и можда неће имати. Сабирање „испрекиданих градова" и „паучина замршених односа које траже облик", нити неиспуњених судбина, али и поглед из удаљених простора на оно што видимо и живимо, то је претекст Калвиновог искорачења из времена, *стварности могућег*, игра имагинарно и језички оствареног, као толеранција различитости и непрекидног тока, као поетика која отвара простор за једно живо и чудесно *бити* – „Усред пакла тражити и препознавати оно што није пакао, и чинити да траје“ – за виталну енергију протицања, за будућност коју чине остварене, неувеле гране прошлости.

А тајно место сусретања супротних сила, и привлачни предмет жеља јесте сама поезија. По Окативиу Пазу, поезија је једновремено и та чиста садашњост, и време; и слобода, и самобитност као пратилац свих времена, првобитни али и вечни *стваралачки ритам*. У то није сумњао ни Калвино, који се овим делом доказује не само као „двополна звер“, како за себе иначе вели, подразумевајући ум и биолошки инстинкт – чему треба додати и несумњиви удео женског писма кога се не одриче – већ и као прворазредни песник прозе, који је ово дело сматрао својом јединином песничком књигом.

Без камења нема лу̂ка

БИЋЕ ОД КАПЉЕ ЖИВОТА

Хладна трава Александра Ристовића

> *Недовољна си ти, песмице, да бих рекао / оно што мислим, / послужићу се другим речима / и у другојачијем распореду, / потребне су ми / неприкладне слике, / будаласто оруђе, / одећа ветропира, / срамежљиво лишће ученика, наравно, и справе за мучење (намењене мени килико и другима), / најзад / и осећање да оно што чиним / има добар разлог / да буде учињено, / не једном него више пута / и не на једном месту / него на више места у исти мах / са узастопним понављањем.*

Александар Ристовић, „Један глас више“, *Слепа кућа и видовити станари*, 1985.

У свакој од песничких књига Александра Ристовића садржан је овај поетички жиг, као распрснуће класичног апсолута песме, уздигнутог до границе песничке недостижности, до оне разине на којој осматрамо и све друге идеализоване покровитеље живота и стварања. Ристовић је, једноставно, песму видео не као *једини* глас, већ као један *глас више* (ниједан превише – што потврђује свежина његових петнаест песничких књига), позван да искаже оно што му се учинило *вредним гледања* – налазећи једновремено, у оним безусловним повериоцима песничке истине – духу, души, уобразиљи – неверне, лелујаве, никад присутне, превртљиве и несталне, несагледиве, уосталом, па према томе и непоуздане водитеље свог властитог песничког пера.

Скрећући пажњу уобразиљи, на пример, да се удружи са оним што је од *незнатне вредности*, „не губећи из вида ни једно биће ни предмет“ (*Нигде никог*, 1982), управо ништењем филозофске премисе која раздваја *биће* и *ништа*, Ристовић одбија да разазнаје *измишљено* од *истинског* и да разлучује уметност од стварности. *Имам дар тек да именујем / не дух но само постојање*, вели у једној песми Ристовић. Самим тим, *гледај свет* постаје litentia poetica у којој се свет и поезија истовремено рађају, прихватајући до краја изазов уметности да одживи свој живот сенки, увек у новим, несталним комбинацијама, пре неголи у варљивости непоколебиве, али и неприсутне реалности „бића и ствари од којих те сенке потичу“.

Немерљивим метафизичким величинама простора и времена Ристовић је супротставио *неисцрпност тренутка*, а идеалу довршености – савршенство онога што никад не може бити довршено: *Зар је трава довршена, а тек дрво? (Платно*, 1989).Он је укинуо метафизику песничког идеала, да би, измоливши бога да му подари „бесловесност ствари и бића“, и себи пожелео да буде „ништа више од ничег“ – више, дакле, од савршене одсутности, која, не могавиши се ни оповргнути ни доказати, бива Ништа. *Гледај свет* – у Ристовића инаугурише метафизику појавности.

Стога се са сваким погледом на свет, у Ристовића рађа непознато. Уметност је *терет живота*, али и пуна шака (у којој неуморно зуји бар једна оса), онај озлоглашени и осиротели платоновски привид, који у Ристовића, оспоривши животност Идеалу, „узима право да говори“. Ристовић је умео једноставно, виспрено и са лирском иронијом, својим стихом да истакне да тај привид пуни врч који испијамо, да је он биће и ништа, „нада и расипништво“, стварност и њен одраз у несагледивом („танани мирис око пуна крчага“); он је и неопходност нестајања, здрава корисност смрти, која уклања препреке новом рађању; бескрајна драж саблажњивог живота тела, која не пориче вишње али одвећ танкоћутне захтеве и неприсутне господаре, са којима тек склапа савез („са међусобним сенкама и свирком / начињеном од ниских и високих тонова“), али, бивајући „пријатељ сенки“, тог саврешенства одсутности, он се одлучивао једино да из свог ништа гледа све.

Тако и Ристовићева жабица, симбол непатетичног скока из Нечег у Ништа, зна да ће јој бити подарен нови живот, а његова Ружа, управо у сукцесији најбројнијих опипљивих призора у којима је вазда присутна, напокон бива *уцртана* у ружу, у последњој Ристовићевој збирци, изједначавајући *стварност* и *идеал*, бивајући стварнија од себе саме, као и од руке која ју је у стихове уписала. Тиха резбарија детаља, проденута кроз невидљиви али присутни метафизички обруч времена и простора, Ристовићева је господствена вера у поезију као свеприсуство живота. Завиривање у биће, из ништавила, где иза сваког погледа веје снег онеобичења и оневињења, стварност је јача од стварности, моћ поезије да искаже, прибирањем свих погледа, дубину своје перспективе, и да, бавећи се видљивим, невидљиво издвоји не као идеал, већ постојање само, његов тајанствени кључ:

У кључаоници је / метафизички кључ. Али, врата кључаонице су од стварног материјала (Платно).

Свет је за Ристовића тек рођен: човек, жена, кћер, постеља са металним куглама, сто, хлеб, вино, бубица на прслуку од свиле – поновљени у небројеним ситуацијама, истовремено су реалистичка матрица колико и вејање непредвидљивог снега призора; егзистенцијална сведеност, колико и метафизички, мек и удаљен, несагледиви одјек животности:

Чује се звоно, / а нема ни звона ни звонара. / Једино је снег унаоколо (Платно).

Недовршеносш шраве, савршенство животног раста, и онеобичавајућа свежина новорођених призора, *белина нешознашог*, свеприсутни, чедни „девојчаки снег", то „бело привиђење", сједињили су се у најновијој Ристовићевој збирци у *синшагму њеног наслова*. И донели на нову разину подигнут, обновљен, изнутра декомпонаван али и надграђен властити поетски свет.

Сићушност и огромност, све димензије простора, у којима се свака ствар и биће поклапају са песничком перспективом и увећавају и смањују колико и она сама, изложени су „крвопролићу" у јасној светлости, под коју Ристовић ставља сваки призор, сваку појаву, „обухватајући спољашњост и унутрашњу садржину", и који се јављају као нов провокатив песничком симултаном уобличавању одговора.

Мотиви нове, необично богате песничке руковети, међутим, ублажују границе спољашњег и унутрашњег; под „теретом живота", одбрана било ког предмета и било ког бића, оне племените ништавности, угрожена је чистим Ништавилом, великим и дефинитивним поприштем које помера оне, за Ристовићеву поезију тако важне равни: лево и десно, „оздо и озго", садржину и привид. Антологијска песма „Поетика једноставности", на пример, рекапитулирајући истинску важност сведене форме и животне неисцрпности, тај битни преокрет исказује са типичном ристовићевском деликатношћу и посредношћу: *Ти који си у мени, шомери се већ једном, / изађи нашоље да видиш / и другу шусшош, не само моју.* А потом, не случајно, један сасвим свеже одабрани „историјат пустоши" ослања се о песме „Спомен на Киша" и „Спомен на Попу". Ристовићеве обично удаљене дијахроније се приближују: на Кишовом лицу сагорљиво и светлосно („Једна страна лица му је од дрвета, / друга / обасјана господском лампом"), у „Спомену на Попу" пак, без великих метафизичких измештања, сажеће се „јад сневања" и „вештина живљења".

Као год што ће *мала лампа*, тај интимни обасјавач простора, кључни симбол Ристовићеве лирике, бити наднет над песникову „невољу" тек као нежни увод у обасјање потпуне таме циклуса „Црнина", но опет, тако специфично онеобичене: иста склоност живописности детаља, исти лелујави привид, ове вејавице смрти, као разгледнице свакодневља, одраз су простог животног *догађања*, обојене истом оном партикуларношћу са којом Ристовић слика изненађења и чуда изникла из необичности тренутка – саставни су део живота – поетски уздигнуте, изнад патетике и мистериозности које немају одиста никавих додира са Ристовићевом поетиком једноставности (оштроумља да „свилу назовеш свилом, жену женом").

Многе песме ове збирке пристигле су нам дословце из руку појединих поновљених, другачије исказаних, Ристовићевих стихова, да би своја нова значења исказале *другачијим расшоредом*, управо тиме сугеришући нову сцену животног искуства. Свикнут на поетички став да

„један предмет замени другим“, у симфонији различитих животних слика, „Црнина“ постаје оглашавање из тамне позадине живота, чије слике формирају сопствено семантичко јединство, „тежину смрти“.

Тако је управо онај стални „савез са сенкама“, „танани мирис око пуна крчага“ и дослух између Бића и Ништа, Ристовићу омогућио, линијом дијагностицирања смрти, улазак у плаветнило, где је све поглед *одонуд*, преко „хладне траве“; то је нова димензија Ристовићеве поезије, противтежа „терету живота“, која доводи до снажне рекапитулације поетичких поставки његових стихова; њиховог преиспитивања – одонуд – из посвемашњег пространства призора невоље, непостојања, смрти, и напокон, то је још један, за пуну зрелост Ристовићеве поезије тако важан – *глас више*.

Сјај мале лампе, пратиље пишчева пера, светиљке за сва времена, ипак је очуван. У стожерним песмама, обухваћеним циклусом „Комад свиле у дрвеном оквиру“, Јефимија ће вез осветљавати капљом крви, а вејање злата („Звона“) подариће прохујалом непролазност, ишчезлом нови живот, гротескном „смеху у невољи“ смирени и оплемењени наук о поновљивости бесмисла, о спојеним крајевима вишевековног и општег усуда, где Ристовићеви ритуални симболи егзистенције – хлеб и вино – бивају замењени новим, још дубље егзистенцијалним – капљом крви и вејањем злата – омогућивши препознатљивом принципу његовог певања, који засеца стратусе вредности – да новим регистром (од елеменатарног до узвишеног, у амалгаму насушног, дакле) префињеношћу и пуноћом тона – савремени језик, али и савременост као личну и општу ситуацију – укључи на самосвојан начин у традицију: у продужетак тензије њеног драмског писма, насталог у слојевима угрожености и очувања, нестајања и настајања. Већ и сам однос боја средишњег циклуса према претходном и потоњем на то указује: рујна, у контрасту према црнини, златна, на вечној подлози плаветнила, којим се књига затвара.

Са ослонцем на свој „најмањи део од свих делова“, песник књигу заокружује као свој улазак у плаветнило, као реализацију и потврду споне између Нечег и Ничег, која у Ристовића, захваљујући његовој стваралачкој философији, означва непрекинуту светлост, линију живота, блесак распрскавања.

„Више светлости“, рекао би он (*Платно*). „Више празних путељака! И разговора ни о чему“ – где заправо обитава свет пре него што нестане, захтевајући нов распоред ствари, лица, стихова, да би настао. На једну од најпродубљенијих и најраскошнијих таквих комбинација песник је, у дну књиге која ће остати незаобилазни врх српског песништва, ставио ружу. Ружа, на хладној трави – каква апотеоза песничком симболу, и много више од тога – *бићу од капље живота / бићу поезије* – на мермеру мртвих мора.

ЗЕМЉА У ОБЛАКУ

Игла и конац Љубомира Симовића

Универзалне теме у поезији Љубомира Симовића у исто време су његове поетске константе, но свака нова песничка књига чита се у разгранатој мотивској мапи, на свој начин везаној, готово увек, и за родни грумен. Драматика наизменичних осветљавања разнолико преломљене хармоније космичких принципа, обрушена на судбину света, на прецепљен храст човековог постојања, истовремено се ослика и као тема потопа који откида комад по комад спасоносног сплава, велике, родом још увек претоварене барке-Србије. Апокалиптична визија која прати судбину света, његов почетак и крај, слеже се у необично, магијско и митско тајанство претакања животног преобиља, његовог кружења и таложења не само у својеврсни еликсир постојања, већ и у једну, песнику неопходну, слику израстања тог спасоносног али вазда угроженог поприишта опстајања, у више и вишње огледало, у сам наук прибирања, не више летине, или огрева, већ *огрејања* самог, у једно сазнање по себи, које насушно прожима и обједињује тај за Симовића вишестратусни глоб, орах са девет кора у космичком гротлу, што зрачи својом сићушношћу и ванвременошћу, кроз све етапе животних циклуса, просветљујући свој усуд и надилазећи своју коб.

Почетак и крај света за Симовића је увек Србија, на путу рађања и гашења сунца, којој он, као песник јасне али и узнемирене историјске свести, придодаје перспективе разломљене призме, са предзнаком разноликих барјака што ломе путању његовог митског круга, гужвају и гротескно изобличују тканицу испредену исконским нитима постојања.

Ратна тематика (збирки *Шлемови, Уочи трећих петлова, Видик на две воде*) родила је упечатљиве баладе које вапајем и дубином отворених рана допиру до затамњеног неба, али је у тај исти вапај песник проденуо и утоку синхронијског гласа размишљености, устукнућа пред катастрофичним расцепима, опомене над каин-авељевским суноврातима и неповратима, које историја чудовишно увећава, истовремено обурвавајући здраво тле под ногама и озлеђујући све рађајуће матрице постојања, усклађених принципа добра и зла, живота и смрти, крчећи тако још једном пут затирању. Тај глас избија из *Ума за морем* и из *Источница*, свија се око најлепших песама испеваних голом али до прскања пуном плоду постојања и унутарњој ватри која га одржава, да би га време изнова кушало, приводећи му на праг ужасе новог обличја и лика.

Игла и конац је књига која тему гашења светлости, светости и свести, као огњишта егзистенције, доводи не само у контекст ратног зла, хаоса и лудила, већ, ритмичном прерасподелом акцената у Симовићевом песничком опусу, додирује и једну од најпоразнијих истина о човеку, која прати његов историјских ход кроз време. *Видим: толико гробља, / а ништа се није променило* – стоји у песми „Поглед на свет" (*Уочи трећих петлова*). Та истина је заправо једна од најтамнијих човекових тековина, која излази из оквира митске представе о усклађеним космичким и егзистенцијалним, рушилачким и градитељским покретима клатна, и представља највећу напрслину у Симовићевом заобљеном, употпуњеном поетском виђењу света. Та једино човеку својствена црта – предфигурација зла – мит у ствари укида, тиме што се зачиње и пројектује, из епохе у епоху, у лажне митове, губећи или фалсификујући своје реално тле, дубоке покрете што спајају његово наслеђе и његове континуитете, прерастајући у срамни жиг тапије што прелази из руке у руку, чинећи цивилизацијско, национално и човеково благо распарчаним и отетим, унапред развејаним поседом, измештеним из његовог природног лежишта настанка, развоја и раста, чинећи човека разбаштињеним од његовог основног иметка – слободе и памети – бивствовања на свом родном, плодном и културолошки проходном и стога заокруженом и вечном тлу, са којег се обраћа свету и будућности.

Рашивање света за Симовића почива управо и највише у тој црти – предфигурације и остварења зла, која митску борбу на живот и смрт, али за живот и против смрти – преобраћа у конфузне, грубо инвертоване планове вредности, у маглу што гута видике и уводи категорију смрти као основу једнозначног, дакле парцијалног (оштећеног, кастрираног) живота, над којим свемоћно држи своје кључеве-менгеле. Над смртним ранама једног тако ниче други, још тамнији и смртнији свет, пролазнији и ефемернији од пређашњег. То је својеврсни лавиринт Симовићевих *доњих светова* са својим светилиштима, ритуалним средиштима *гашења*, која прерастају у једино могућу вечност, вечност смрти. Ту је уједно и продужетак песникових раних порука и поука: *Само је градски затвор / (...) остао оно што је и био: затвор, / једина чврста, једина стална тачка, / кроз све промене и времена* („Окупација Ужица", *Видик на две воде*). Из првог циклуса књиге *Игла и конац* овај ток значења прелази у трећи циклус („Крчма на Кондеру"), не исказујући се једнако драматичним бојама, али не мењајући смер и значење својих опомена. Јер, натапајући подземље и избијајући до разине приземља, он песнику још увек казује исто: поља смрти, чија лица, у најбољем случају, попримају изглед привида живота, заменом вредности и циљева, који постају пандан идеолошким конверзијама вредности (те тако крчма попут суднице, или затвора, постаје једнако дејствено негативно култно место), док егзистенцијални корен и врх подједнако, у овим напоредним визијама, бивају угрожени.

Тако се заправо и улога *Кондера* у песниковој личној митологији још више истиче, избијајући из маглина приземног у танану симболику разуђене и суптилне метафизичке визије. На расапу реалног света, који ишчезава управо раздружен од својих видика, песник налази своју узвисину, свој контемплативни видик, запљускиван легендама и веровањима с језерског подножја, испресецан и ишаран живописним завичајним путевима и искуствима сељана, траговима његовог колоритног описивања животног круга, у који су уткани и збиља и нестварност, веровања и страх, нада и света ватра борбе за голи, али тиме уједно и свеукупни опстанак њиховог исконског бића. Вишестратусни свет Симовићеве поетске реалности почиње да оживљава у својој пуноћи, природном обиљу и духовној јасности и чистоти, управо у оним компонентама које својим прожимањем чине основни, али већ тиме и испуњени и заокружени смисао.

Структура и композиција збирке при том имају извенредно прегледан и читак распоред који, песмом „Ваведење“ (високо симболичног наслова) у циклусу „Нејасне вести“, започиње песнички пут митске сакрализације десакрализованог (кроз потоње целине: Зимска муња, Међуречје, Путовање у Грчку – преко преломног значаја песме „О подизању странопријемнице у Хиландару“ – до завршног циклуса Сабориште), крећући се тако наново успостављеним вредностима од темеља ка врху, ка небеској круни која блиста – толико неочекивано свеприсутна, блиска и сагледива – да готово пуца под зубом у прегризању свакодневног зрна соли. Тај пут претварања „плодова земаљских у небеску храну“ у суштини је основни и трајни подтекст Симовићеве поетике, његовог осмишљења света, на круцијалним тачкама на којима он у таквом виђењу опстаје, рађа се и поново успиње, на крилима својих биолошких прамајки, али и обзорима својих просвећења, одуховљења и самоспознаја. Митски обрасци се тако у Симовићевој поезији указују као иницијацијска изба, која одржање живота приводи духовном сазревању и моралном очвршћењу, прибирању и одражавању укупног, националног и културног идентитета.

Да би га у својој поезији истакао и сачувао, Симовић је непрекидно бацао магијске каменчиће: у менама историјских хаоса побадао оријентире. По *невидљивој црти*, памтимо, свако *пронађе свој град, свој кревет пун животиња,/ свој шлем, свој нож, свој сат*. („После педесет година“, *Шлемови*). Али и из његове реалистичко-маниристичке сликовне пуноће обасјања предмета, обичајности, еротског и животног витализма и у низу песама нове збирке („Јесењи предео са живином, дренком и шипурком“, „Јесењи Крстовдан“, „Молитва“, „Здравица“, „Одговор на здравицу“, „Балада о шпорету“, „Машина за месо“, „Зима на Дунаву“, „Зимска муња“) избија озарење новог живота из вазда истих егзистенцијалних упоришта и оживелих изворишта постојања. Та пуноћа елементарног лебди, отима се омчама, рашљама, решеткама, негвама, оног другог, осиротелог и обудовелог света, измиче, ако не као увек досегнута потпуност, оно бар као жудња за њеним домашајем која је и сама не мања од читавог света виђеног у ненарушивој хармонији и равнотежи. Пре збиље, њу види, зна, жуди и остварује – сама песма.

Симовићева поезија, која, како вели Миодраг Павловић, у непосредну близину и сагласје ставља и Копилушу и Тројеручицу, у овој збирци чисто сребро напоредо проналази у крљушти никољданске рибе над којом је погнута „трудна снâ", колико и у игли и напрстку, са прецизним распоредом улога и снага: магијски инструменти могу избавити свет, једино ако његов темељ није обрушен ни корен пресечен. Композиција песме „Вече" то ненаметљиво исказује: *Сунце се ѓаси. / Шваља йали ламйу*. Тек у окриљу те слике могу се поднети изгубљене битке и из окриља те свести спусти се зрно трпљења и мудрости у сланик, тај мали храм у којем су, у Симовићевој поетици, садржани „кључи од небеса".

Посвећивање, о коме Симовић пева, начин је исказивања, наиме, безусловног и вечног у свету. Без тог сагледавања небо није небо, већ само „земљино огледало" (*Уочи ѝрећих йеѝлова*). Оно јединствено и вечно растварање жене-перунике, пуцање плода, радосна топлина над разгнутим кромпиром из пепела, истовремено је поетско растварање метафизичких порука и семантичко озвездање најнепосреднијих знакова свакодневног постојања. То је пут освајања небеске земље, у којој је човек градитељ, судеоник у божанском чину стварања, уздигнут у „облаку пуном жена и плодова" изнад јесење земље (у раној песми „Небеска земља"), као што и шваља из песме „Вече" нове књиге, која спаја изгубљену битку са целовитошћу живота, бива посестрима оне исто тако узвишене шваље из *Источница* што пришива *рукав за кошуљу, / браћу за рођаке, / земљу за облаке*.

Почевши од матрице прародитељства, вечне утробе рађања, до златног облака прожимајућег спознања свих могућих хоризоната зрачења насушног зрна, Симовићева песма обргљује обичност и светост, поругу и химну. Својом имагинацијом, укорењеном у збиљи, одиже и преноси нам свој властити живот, до врха испуњен видљивим, рељефним, додирљивим, али и његовим невидљивим, метафизичким одсевом. Свет те песме, елементаран и пунозначан, управо се зато оглашава и *ѓрлом* и *звоном*. И овом књигом, заокруженом и суптилно разгранатом, стилизованом и мудром, живописном и уверљивом, колико и невидљивом, глас саме поезије бива и исказ, и слика, и озвучење, али и *објава* оних истина које натркиљују време њихањем звона.

ИЗАЗОВ ЈЕДНОСТАВНОСТИ

Жаоба Србе Митровића

Већ је прва књига стихова Србе Митровића (*Метастрофе*, 1972) указала на необичност песникове визуре, будући да је овој поеми контекст савремености аутор учинио прозирним и за једну другу реалност, осветљену изнутра, за „причу о нама самима". И у једној од новијих књига овог аутора, *Шума која лебди* (1991) доследно је сачувана релација спољни свет (град) – унутарње самоосветљење, прозирност доведена до последње честице бића. То исто светло које пада на оба поља Митровићевог поетског реалитета уноси драматику удвојене пројекције, која подразумева „наук безначајности свакидашњице", са једне стране, а са друге – „дивљење" изазвано непролазним, *оним што не нађох / И не видех, нити наслутих*. У једној од кључних песама ове збирке („Метафора") најзгуснутије се изражава Митровићев поетички став: *Прошао си, остао свукуда, а метафора / Поглед је што ниси могао избећи*. Тражећи последња упоришта међу расутим „облицима ствари, одеће, костију, трулежи", Митровић их у завршној песми „Библиотека" открива у светлинама „гомиле напуштеног папира" чија је сврховитост у општој пољуљаности такође доведена у сумњу.

Нова збирка Србе Митровића (1931), метафоричко окно кроз које се прозиру две стварности, сужава фокус, на последње жиже које се одупиру расапу и тами, које преживљавају у гомили разрушеног, одбаченог и непотребног. Амбијент града, бедем трошности, уоквирује унутарњу трошност, само тело, а таложење искуства, у овог песника вазда двосекло, носи обележја неспокојства и страха, уздржане рефлексивности и скепсе, које се постепено згушњавају у суптилно исказан доживљај трагизма. „Ноћ окренута себи", из претходне збирке, добила је своју нову и потпунију разраду. Човек осветљен споља и изнутра постаје двоструки јунак Митровићеве поезије, заробљеник ововремене опште, колико и властите, субјективне, а опет свевремене драме протицања. Минијатура „Јутро" стога кратким хируршким потезом расеца град, „мишић ваздуха" у ту двоструку експресију супремације времена, најједноставнијим средствима сугерисану и исказану: *Ту је време / којем се покораваш*. Једино, привидно, одступање од ове неминовности, психолошка је слика, дубинско таласање које нуди властити одраз у огледалу („Лице") што се стапа са сликом претка; необични аутопортрет, који буди неразлучена осећања немоћи и беса.

Парафразирајући наслов једне песме из ове збирке, могло би се рећи да је песников лирски јунак подједнако *старац / град* колико и *старац / страх*, и да је у новој књизи тако оживљен лајтмотив Митровићеве поезије, којим се пролазност и временост у личном и ванличном

контексту сустичу у двогубу визију пропасти, једну од најпрегнантни-
јих слика ове књиге: *Чедо страве, лед у сржи*, чија поливалентност
подразумева индивидуално и опште, спољно и унутарње, односно, жи-
вот који се одвија у времену али и време које живи и дела у нама.

Збирка *Жалба* ишчитава се, дакле, у двоструком кључу. Захваљу-
јући дејствености своје метафорике, она је и пластична и конкретна,
што омогућује да је читалац доживи као специфичну тужаљку над
обрушеностима данашњице (још за један степен даље и дубље одринут
свет из „Библиотеке“ с краја претходне књиге), али и као жал за про-
хујалостима свих врста, где је најчешће ону најличнију немогуће не
видети као дружицу оне најуниверзалније: *Ветар / Из очних шупљина
бије / И тамо опет стиже* („Мој живот“). Из прозрачних и лелујавих
велова зрачења конкретних слика, пак, у песмама Србе Митровића
израња магична, метафизичка коцка, чије странице необичном једно-
ставношћу одблескују спектре значења: идеју прозалности, каткад ис-
казану у два стиха (*Тек грана крхка, исплакана, / Пепељка с тобом на
крају дана*) или дубину двозначних призора попут оних *црних кеса* чије
се значење из свакидашњице директно премешта на „ушће света“
(„Путник“), исказујући највишу синтезу смисла која је уједно и најду-
бља немоћ, јер *кључић немамо, кључ смрти, / ил нешто тако једно-
ставно* (песма „Једноставност“) и која се управо тако уздиже до врха
пирамиде у песничкој творби значења ове Митровићеве књиге.

Бесмисао и апсурд савременог живљења Срба Митровић у својој
песми невидљивим покретом преобраћа у питање о апсурду постојања,
придајући хуморности својих запажања горчину, горчини чуђење и
страх, налазећи у тами, у оронулом телу града и физичког бивања уоп-
ште, готово немогуће – трептај светиљке, ока или окна на *равноду-
шном лицу / бескрајног обелиска*, траг о постојању пропламсаја душе.
Попут правих, непатворених лиричара, он најдубље биће осећа као
средиште у којем је „ћутање – молитва“ и у једва још препознатљивој
тачки човековог замореног дамара открива постељу свог „домаћег бо-
га“ – невидљиво средиште песничког доживљаја света и његове укуп-
не песничке визуре.

Носталгична, али и поред тога иронична и самоиронична, Митро-
вићева песма пријемчива је и у својим најогољенијим и најсуморнијим
виђењима („Инвентар“), и у својој сумрачној скепси, уверљива је у сво-
јим призорима-вињетама из свакидашњице, или из сећања („Стари
школски друг“), као и у широким рефлексивним замасима који закљу-
чују књигу („Домаћи бог“). Она је успела и као прозодијски лирски
дискурс, али је необично ефектна и снажна као сажета форма („Хи-
тац“, „Елипса“, „Путник“, „Јутро“, „Душа“). Тамо где јој напон слаби,
реч је о ослабљеној моћи помало истрошеног општег језичког модела,
који не припада Митровићевом добро управљеном погледу искоса, те
за њим очевидно не траба ни посезати, или је у питању недовољно

оживљена дејствена снага основног инструмента његове поезије – метафоре (метафора исказа, слике, или визије). Једноставна нарација или дескрипција у лежерном, жаргонском руху („Једна шетња", „Дорћол") такође одударају од суптилне духовне игре и готово старински отменог кова његовог стила који обликује своју модерност продорношћу погледа (који се „није могао избећи"), суптилношћу којом исказује иронију, зебњу, па и специфични жал – чиме у основи одише ова књига.

У ОГЛЕДАЛУ ЈЕЗИКА

Песме? Драгослава Андрића

Помислићете да се у навођењу наслова ове књиге поткрала грешка. Није. Али је он ипак необичан. Функције му могу бити, овако онеобиченом, бројне и разне. Почетна је можда садржана у ширем спектру необичности везаних за овог аутора, познатог првенствено као преводиоца (читавих 120 преведених дела) и шахисту, јер неупућени читалац може поставити питање: Драгослав Андрић, *Песме?* – и одговор добити у виду књиге, која међутим, није растерећена даљих и дубљих питања до краја и суштински везаних за поезију.

Међутим, своју разноврсну креативну енергију (Андрић је и састављач многобројних и различитих песничких антологија) овај аутор је умео да дисциплинује и компримује у језик властите поезије, која одише свежим и другачијим перцепцијама што одликују неког чија избивања у друге стваралачке сфере омогућују да се тихост и озбиљност посвећења поетским темама удружи са ауторовим основним поетичким захтевом: да се свака форма окошталости у стварима поезије, као мишљења и праксиса, дефинитивно прогласи неадекватном, и сопственим радом заобиђе. Тај други и нови угао проматрања света, али и непрекидног преиспитивања позиције самог проматрача, једна нова логика, оснажена у сваком тренутку управо могућношћу да новим пројекцијама смисла задире у нове перспективе и *њих* оснажује као креативни принцип што формира своју логику и јасно сагледава границе превазиђеног или обеснаженог, преживелог смисла (бесмисла) назначена је првом Андрићевом песничком књигом (*Из дневника*, Просвета, 1972). Песме настале у последњим годинама, (с краја 1991. и почетком 1992) обухваћене су другом песничком збирком Драгослава Андрића, и она још изоштреније поставља питања осетљивости и искључивости параметара што суделују у вибрационом пољу инспирације и поетског делања Драгослава Андрића. Он их у суптилној и затитралој вербалној мрежи извлачи спретно, у виду сопствених питања и дилема, али и дискретних показатеља што говоре о смеру пловидбе и боји разапетих једара: ван конвенције, у домену духа и утолико пре у пољу примарног стварносног реда, те управо из те перспективе посматра и индивидуално и опште понашање, дајући му сасвим онеобичен вид, значај, место и улогу, као што и у самопроматачком и унеколико ироничном аспекту бодри управо то непрекидно и новорађајуће *кружење духа*, тражећи у њему простор за решавање најкрупније дилеме – смисао / бесмисао, ништавило / постојање – али и за свет идеја и искуствености који проналазе своју меру у *огледалу језика* и његовим сопственим законитостима, енергији и вољи. Односи између *невидљивог и исказивог, невидљивог и неисказивог*, речи на граници ћутања као власитите слободе, и речи као могући атрибут слободе субјекта – поново су ту да релативизују позицију идивидуе и привида њених моћи у стварима духа и исказа. А у стварима духа и израза, угао проматрања може бити померан и улоге проматрача и проматраног замењене, и та еквилибристика је основни изазов у тражењу неуобичајених, дакле битно другачијих, стваралачких транзиција које субјект уздижу до позиције вечитих истраживача и трајних твораца Новог.

Као што је логика новог смисла оно што најефикасније осликава апсурде као поништење смисла, и сваковрсну истрошеност, тако је за Андрића поетска свест и реч најживља тамо где пристиже до саме ивице самоукидања и *шири двери / свему / што од ње бежи*, тражећи исконско оснажење у непознатном, можда и застрашујућем, тамном, али тражећи, заправо, стваралачку смелост, и новину.

Катарзично и одлучно делује ова призма Драгослава Андрића, духовито, уза све то – у смислу еластицитета и домишљатости са којих се вреба и иронично-разиграно протерује свака самољубивост у домену коришћења идеја и речи. Поезија је за овога аутора напор „да се искобељамо из загрљаја речи“, како бисмо створили њихов најаутентичнији и најпрецизнији , најпоетскији смисао, и одговорили најтежим изазовима пуноће смисла, тишине, оном *другојачијем*, и стога стваралачком ритму постојања, који је раван непредвидивом духу, који је дух сâм.

Попут формалиста, који су сматрали дело као дату која је *трансцендентна свести*, односно, која се удаљује од сваког идеолошког хоризонта, поетика Драгослава Андрића удаљује се од формула, а приближује субјективитету, носиоцу ваздашње муке с речима. Нашавши довољно еластичну форму у својим песмама без наслова, које акцентују питања, проблеме и дилеме, вибрирају у свом чистом и непосредном исказу, и од специфично стваралачких проблема и питања духа (реч, мисао, идеја, дух, и опет реч, чести су мотиви Андрићевих песама) творе поезију, Драгослав Андрић се и својом другом збирком јавља као *другачији*, особен песник, који познаје драгоцену снагу пречишћене синтаксичке равнотеже и сваке појединачне речи, стиха као интонационе јединице која је, како би рекао Томашевски, неодвојива, по својој ритмичности, од појма *говора у стиху*. Неке од његових песама могле би бити сажетије и изналазити разноврсније форме заподевања дијалога, но то у основи не ремети утисак да је реч о аутору који сигурно и видрасто води своју реч, у поетском штиву које се не ослања на конвенционални арсенал слике или метафоре, већ на живу и спретну, *варијететима мишљења* обојену *дискурзивност*, која ће можда опет побудути питање: *Песме?* И опет ћемо се сетити Томашевског, који стиху, као специфичном естетичком пољу одриче потребу за логичком мотивацијом. Управо та Андрићева дискурзивност, вешто ритмички заталасана, која у основи задире са оне стране логике и твори креативно језгро једног другачијег погледа на ствари, на синтаксичко-семантичке релације које, из основног нашег језика померене, стварају и другачији, оспоренији и запитанији угао посматрања света, те само то ново језичко-мисаоно ткање, озакоњено не логичким већ поетским смислом, изједначује са поезијом, примиче нас одговору који дугујемо наслову књиге *Песме?*

Да, песме.

Уз то још у књизи која спада у занимљивије објављене током прошле издавачке године

ПЕСМА ОДЛИВАК

Лудо говедо Ивана Растегорца

Миграција не само песничких мотива већ и *песама-мотива*, веома је индикативна у поезији Ивана Растегорца (1940). Управо на подземним изданцима ових сеоба саткан је његов поетски свет. Попут песме „Ја носим светлосни оклоп“, која даје кључни акценат збирци *Увеличавајуће стакло* (1979) али и потоњој (*Светлосни оклоп*, 1982), ни *Лудо говедо* није тек наслов нити само песма, заједаничка пређашњој и новој збирци, већ шифра из које се да тумачити читава досадашња, али и новом књигом дограђена песничка визура овог аутора. Ако је у раној, „светлосној песми“, песнички субјекат био тај који кроз светлосни оклоп *не разазнаје* ударце већ их само *трпи*, у другој, затамњенијој, он је ближи једној новој, ригиднијој, прецизнијој али и потпунијој слици, *земљане порозности*, увећаној снази ударца, вести-секирâ, али и своје омамљености светлошћу „неких других сунаца“. Исказано сажето, песниковим речима: *смрзнута говедина / са остацима крви на себи.* Једна нова поента, условљена семантичком променом речи *оклоū*, новим контекстом нове песме.

У свету који је, у осећању овог песника, човеку дат да би му био одузет, који измиче његовој контроли и у коме ништа нема жељени облик, већ најчешће облик који надраста значење, песник скривеног титраја и неумољиво оштрог опажаја, какав Растегорац несумњиво јесте, мора бити окренут управо усредсређеном одређењу односа субјекат – реалност, који подразумева, неизбежно, и одређење смисла и значења као и функције песничке речи.

Ако се у ранијој песми о светлосном оклопу определио да „повезује ствари / удаљене и туђе“, онда се под тим повезивањем у овој поезији мора пре свега подразумевати спољашње / унутрашње, ударац / трпљење, али управо тиме и стварање својеврсног поетског *отиска*, који садржи одговор на спољашњи свет, што у дискурсу овог песника подразумева специфичан лиризам најнепосреднијег изговарања *разложене* стварности и њених дисонанци.

Поезија Ивана Растегорца, наиме, није поезија преименовања. У њој нису преиначени ни унутарња рањивост (ма колико она била неупадљива), ни спољашња оштрина. Али, нису ни међусобно усклађене. Пре би се рекло да су у реском и ваздашњем несугласју, које ће песник потврдити песмом као овером, пре неголи их ублажити и пристати на било какав чин изневеравања онога што улази у песму-одливак.

Налазећи у танкој нити самог даха и духа („Кад ставиш руке на мој врат“, „Трчаћу довек“) ону етеричност, али и густу, штрцањем крви потврђену животност („Као да сам сȃм ђаво“) која прати и сажима ритам јецања и песме, блуза и свинга, систоле и дијастоле рукама опипаног срца, Иван Растегорац у суштини *дише* своју поетику и успоставља најнепосреднију меру одговорности своје песничке речи.

Отклањајући, првим делом књиге, сваку могућност успостављања песничког идеализма, произвољности, илузионизма, испитујући, напротив, оштрину брида и расточности човековог битисања, али и размичући, више него пре, границе свог оклопа-шкољке, песник је морао доспети, повезујући удаљено и туђе, туђе и своје, опипљивост и неопозивост са несагледивим – до најдубљег, уједно и горњег руба – таме, као алузије на светлост, и видљивог, као рефлекса скривеног.

У свету трпљења, коме се ипак опире или који му се опире, а који му је једини дат, који не осваја али којим се не опија ни кад је у питању интима („Sardinen“), ни халуцинантни зов с ону страну погледа и свести (циклус „Демон Антарктика“), и разговор са светлошћу бива прихваћен са одушком, али не без опреза, као нови простор који употпуњује онај најшири, у коме је индивидуа поново та која је већ део створеног Дела, Целине, али јој није творац – чији је аутор, наиме, удаљен и скривен.

Довољно да се, између савременог и универзалног, нота Ивана Растегорца учини трајно препознатљивом у крешченду стварносне рескости и суптилне слутње, на *оштрици* дакле, иза које постоји и неизговорено, призив управо оног болно неприсутног, можда и неизговорљивог – интимног колико и свеколиког значења, потпуног једино у скровитости дубоке тајности.

ТРУН СВЕТЛОСТИ

Гласна гаталинка Мирољуба Тодоровића

Мирољуб Тодоровић (1940), оснивач и најзначајнији представник сигнализма у нас, објавио је близу четрдесет књига поезије, есеја, полемика и дневничке прозе. У духу сигналистичког немирања са постојећим и рабљеним, у потрази за новим и експерименталним, Тодоровић у једном од својих поетичких записа у књизи *Игра и имагнација* (1993) каже: „Истраживати све могућности које допуштају да се избегне једносмерно читање у праволинијском просторно-временском следу." Начелно говорећи, то у првом реду значи подвргавање сумњи и новом углу посматрања сваког уходаног стваралачког концепта, начина мишљења, форме, говорног модела, па и преиспитивање таквих канона у поезији које представља најсажетији песники облик, хаику песма.

Прихваћена из јапанске песничке традиције, и на специфичан начин неговена и у европском па и у нашем песништву, ова најкраћа од свих лирских песама представља посебан изазов за ствараоце, али, изузев новог и индивидуалног искуственог даха, обојености одређене ауторске перспективе или са печатом средине у којој настаје, она се углавном, чак и као могућ изазов, јавља као ишчитана у једном свом, основном и затвореном стваралачком моделу, управо настојећи да поштује, али не и да дубље мења начелна песничка истраживања. За Мирољуба Тодоровића, у генералном предзнаку његовог односа према песничком стварању, и хаику је не само могућност певања, и одговор изазову сажимања („Тренутак у коме песник и песма оживљавају ствари"), већ у исто време *могућности истраживања и експеримента у краткој песничкој форми*. Другим речима, класичну хаику песму и њене захтеве Мирољуб Тодоровић прихвата као примарни, стандардни језик ове песничке форме и настоји да га укључи у свој стваралачки и истраживачки процес. Међу првима се у нас посвећујући хаику песми, он ју је, у складу са захтевима сигналистичке поетике, најпре опробао у оквирима стохастичке пеозије, исписавши на тај начин педесетак песама (уврштених у књигу *Textum,* 1981) а потом је, као одговор класичном хаику задатку, окушао и нову форму шатровачког хаикуа. Увођење језичке игре у хаику постало је трајна окосница Тодоровићевог бављења овом формом, о чему на комплексан начин сведочи *Гласна ѓашалинка*. Кроз своје циклусе („Шумски мед“, „Сићево“, „Калемегдан“, „Високи Дечани“, „Сестрин гроб“, „Гласна гаталинка“) и кроз своја 243 хаику остварења, књига представља преглед и пресек и међусобно преливање различитих токова Тодоровићевог певања посвећеног овој лирској врсти.

Уоквирен почетним и завршним циклусом који се читају у духу стохастичке инвенције и згуснуте необичене сликовитости, на свој начин оживљавајући Тодоровићево начело о концентрацији и кристализацији креативног потенцијала кратке форме, најбогатији је у књизи а у исто време најближи класичном хаикуу, циклус „Сићево“, особито по свом расположењу, мотивима, односу микроцелине, односно детаља и универзалне перспективе, и суптилности са којом се гради визуелни и звуковни елемент. Овај приступ на најбољи могући начин ствара подлогу да се у књигу уврсте циклуси такозвног историјског хаикуа, у коме се Тодоровић веома успешно и раније огледао, те се заправо мотивски, у ниске хаику песама посвећене колоритно дочараном амбијенту, простору дакле, прикључује једна посве необична временска перспектива, историјска, стишана, згуснута и умивена — а да при том није изгубила, у низу детаља које одабира као мотивско тежиште, своју тежину и значај својих историјских конотација, да би из дубине прошлости, у једном засебном циклусу, зазвучала тамним брујем и једна перспектива која надилази прошлост и садашњост, време и простор, те у циклусу „Сестрин гроб“ доноси мистику бола и оностраности. Заправо, хаику је у историјским и прековременским димензијама, захваљујући истинском стваралачком умећу и дубокој инспирацији свога аутора, дошао са оних страна са којих се не очекује, из имагинарног осветљења у језгру песме, а не из видљивог и дохватног детаља који је обично његово полазиште.

Детаљ, и даље разуме се присутни покретач, само је инструмент оглашавања шире атмосфере, стања духа, а та духовна клима, набијена стваралачком имагинацијом, осветљава недодириво, неприсутно, надилазећи таму заборава или границе могућег у сусрету два света: постојећег и ишчезлог или изгубљеног, живота и смрти. На свој начин, циклус „Високи Дечани“ наставља инспирацијске кругове Тодоровићевих збирки *Видов дан* и *Девичанска Византија*, али овде, разуме се, са другачијим језичким приступом, и, напосе, са чудесним укрштајем грандиозности теме избрушене у хаику фрагменту, који ипак дочарава замисао, атмосферу и историјски контекст. Један атипични хаику о томе најбоље сведочи:

Између живота
и вечности
камен
кист
и реч.

Као што изузетну вредност имају и остварења из низа „Манастир у Сићеву" са оним назнакама „заумности" које ће потврдити стихови из циклуса „*Сестрин гроб*". Очи с иконе / *Богородичине* / *завирују у душу*, стоји у „сићевачким" хаику песамама; а у песмама сестри – распон од тананости (*У срцу немуште* / *таме може ли светлости* / *да затрепери?*) до искошености (*Чујем звуке* / *клавира испод* / *набујале траве*) и до дубинског одјека завршнице:

Господе који јеси
за мене више никад
бити нећеш.

Дода ли се томе чар језичке игре, која иде од онеобичења, исклизнућем из говорне схеме, до једноставности и тишине која и сама на свој начин исказује необичне спојеве, пропламсаје смисла, може се закључити да је, кроз све своје видове (изузев шатровачког хаикуа, који овде није заступљен, нити би се уклопио у мотивске окоснице књиге), кроз привидну хетерогеност поступака, остварена једна потпуна, целовита и хармонична књига, дубинске структуре, књига хаику поезије која се, захваљујући сливању циклуса, доживљава као збирка песама која има своје мотивске кругове и ван хаику захтева, али коју као збирку оживљавају расцветале микроцелине песничког говора чију прегнантност може исказати, у складу са ширином порука до којих је аутору било стало, заправо само хаику.

ГУБИЛИШТА, ГУБИТНИШТВА ИЛИ: СВЕТ БЕЗ СВЕТИХ ДАРОВА

Сарајевски рукопис Стевана Тонтића

Како кратко траје тренутак јасности.
Мрака има више. Више има
океана него чврстог копна. Више
сенке него облика.

Адам Загајевски, „Тренутак"

Кратковеки тренутак јасности, с почетка ове сажете, модерно структуриране гномске песме Адама Загајевског, синкопом смисла непосредно је везан за крај, који акцентује појам *облика*. У међупростору остаје безмерје бесмисла и таме, одсуство јасности и значења – тачке отпора хаосу – што човеку говори и о његовом незаснованом, недосегнутом или разрушеном упоришту у сопственом свету, у себи самоме.

Муњевити одсјаји универзалне хармоније у човековом искуству његови су духовно осветљени стожери који „светове мере", како би рекла Марина Цветајева, уводе у безмерје, и блистав су доказ пребивања великих у малим стварима, вечног у пролазном, искре божанског у метаријалном, пропадљивом и трошном. Услов су, уједно, најнасушнијег човековог осећања усклађености природног и духовног, хармоније земног и космичког, управо освајањем оне потпуне и јединствене честице која их одсијава и којом се појединачност уздиже из аморфности, која *обликује*, ствара живот, и продужује га новим обликом.

Сарајевски рукопис, изникао из искуства песника који је доживео сарајевску драму што је ваздашњу несрећу човекове заблуделости ставила у трагичан процеп нове историјске пошасти, разлистала је читанка катастрофе која је, и у времену када се наслућивала, и када је остваривала своје паклене намире, а управо тиме што се до краја обистинила – потврдила *разобличеност* – угаснуће „јасности", дакле и само човеково затирање. Чак и ако се оно збива у непознатим „дубоким планинама", у „плиткој Европи и дубокој Азији", како то каже песник, оно за њега значи и најдубљи, суштински *поремећај*, развргнуту склопку људског и божанског, трагедију која удес индивидуе одражава и као универзални, на историјском, општељудском и космичком нивоу, у апокалиптичком предзнаку који је у свим својим димензијама садржан у стиху Адама Загајевског: *Мрака има више*.

Свака од ових компоненти човекове драме у *Сарајевском рукопису* води својом мотивском линијом, почевши од уводног дела (песме написане у периоду од 1989. до 1991), који налази своју потврду у другом, обимнијем делу књиге, иако је он, парадоксално, настао за краће време (1992–1993), тек за једну годину чију ће смену, од пролећа до пролећа – „престрављен и поражен" поновним рађањем цвета трешње усред поља̂ смрти – песник оцртати као омчу, назвавши је „годом- убицом" (у песми „Трешња у цвату"). Пролегомена трагедије обележава већ све линије индивидуалног лома и „лома народа", уједно, оног злокобног и светогрдног продирања приземног, заумног и дивљег, са једне стране, и природно усклађеног (и тиме оплемењеног и освештаног) са друге, у опште помамно приближавање „неспојивих сила" и стварање злоћудног, чудовишно склопљеног идола („Животиња од злата") који ће, уједно, у Тонтићевој поезији означити суноврат Бога, његов пад у „транс и оргије", потонуће Једног и јединосуштног, у владавину подземног и приземног, хаоса и мноштва („чорбе Једног"), уздигнуће најтамније утробе мрака до нивоа неког новог, затамњеног неба, које најављује више од погибељи – потирање самих божанских начела у људском, изгон Једног, развејање онога који може бити залога спасења.

Песма „Граница" којом започиње други део књиге, непосредно уводећи у простор мрака, означавајући сву насилност, ругобност и погубност вештачког, умишљеног и измишљеног („такозваног", како иронично вели Тонтић) – уздигнутог изнад вечних и најприроднијих закона саглас ја и трајања: људи и природе, људи и људскости, људи и јасности, и стога и њихове светости – ту граничну линију морала је повући и *посред срца*, а она је пак песника морала увести, из кругова општег пакла, и у понорне, самоиспитујуће, очајничке и раздируће личне кругове – дијалог са самим собом – оним који, будући већ раздељен од свега што чини људско биће, прихвата судбину изопштеника, уклетника, уздижући се, бар на тај начин, изнад озлеђене, осујећене и гротескне, *скице* људског постојања, коју не може да прихвати у њеној непотпуности – пукости биолошког, по сваку цену брањеног опстајања.

У тој најкрхкијој од свих слобода, чији је залог – бити „анониман као православни монах", „клинички сам", умивен земљом и пепелом, чистотом сопствене смрти као самим животом, „чист од завичаја" и „чист од историја" (тамо где је завичај непостојећа већ земља, угашена, „као што се живи / креч гаси", где је историја свако *ја* учинила за сва времена непријатељском другошћу, дајући му вражји белег и „ничији знак") – још једино отиснућем у космичко, ледено прапостојање чини се могућим поновно рађање и успостављање самог и чистог ја, човековог основног и суштинског интегритета. Том мотивском линијом, Тонтић заподева и свој диспут са Богом, са човековом обрушеном трансценденцијом, која је управо у најшире пројектованим односима, небеског и земаљског, „заривши прсте у само месо мрачно", најдрастичније оповргла саму себе и остварила свој надубљи пад. Песниково архаично-реторско: *аз јесам, аз нисам* стога наглашено тражи неподељеног, у потпуности самонађеног и самоспасеног човека, који не пристаје ни на вишњи ум уколико му се од њега „мозак леди", као што не пристаје ни на тело без душе, на лажна и недостојна човека узвишења која изобличују и растачу сваку реално-вредносну основу његовог постојања.

Снагу за своју поезију насталу у средишту пакла Стеван Тонтић не налази у жудњи да бол претопи у естетизовани рај песме, да пакао надвлада резигнираном ћутњом, нити стварањем нове, посве другачије поетске реалности изван *губилишта* које му је као сведоку и песнику судбином додељено, изван *губитништва* које је исто толико сурово додељено овоме времену и свету. Тамо где му се чини да су Бог, Човек и Свет погашени („Бог је ужас", „Нерођенима", „Танана вечера"), песнику ће још једино преостати да постави крајње, крунско питање о могућности спасења као могућности рађања новог богочовека, будући да је његовом, песниковом Христу, срце препукло („Мој Христос").

Подижући, својим Рукописом, из страдалног праха „мрвицу" разума, Тонтић, усред равни затирања коју слика, непрекидно отвара хоризонт који човеку оставља, управо на тамном и изрованом фону новвремене фреске, могућност и слободу да у тој мрви заснује ако не нови свет, оно бар нову свест о пређашњем и будућем. У том најтишем, фосфоресцентном промишљању, из дубине очаја и таме, садржан је могући облик Тонтићевог васпостављања човека, уједно и наде за васпостављањем Бога у њему, онога Бога ког, парадоксално, *има* зато што га *нема*, и који управо тиме понајвише човека утврђује у њему самоме: *Недостајеш апсолутно. Нема твога прста. / И зато Те има. И вјера је чврста* – вели Тонтић у једној од стожерних песама књиге („Бог и свијет").

Бранећи право јединке на сопствено, испуњено, остварено и слободно *ја*, бранећи га и у времену када је оно распукло и ишчезло, изгнано и погубљено, Тонтић га самилосно и чврсто води у будућност која са таквим *ја* неће бити у понору катаклизми. Говорећи напоредно и о једном и о другом аспекту истине (жељеном и сурово оспореном) Тонтић је жудњу за интегралним, учвршћеним и ослобођеним ликом човека превео у свој разуђени, вишеслојни песнички говор, стварајући свој *облик* наспрам мрака, копно наспрам хаоса. Кроз грцај и тужбалицу, молитву и самоукопни псалам, „анегдоту" пуну апсурда и гротеске, и кроз паучинасту песму могућег споја наде и сазнања о трпљењу и стварању, огромном тензијом стварносне драме али и мишљу песника интелектуалца колико и молитвено прочишћеном контемплацијом, *Сарајевски рукопис* преноси, у порукама Богу, поруке Човеку, сведочећи о рушењу – *стварањем* – песниковом најуверљивијом визијом неопходности човековог новог самоостварења. И овога пута Тонтић (1946) је близак творцу „пјесама бритких и неутјешних", Адаму Загајевском, коме посвећује, у духу тихог ламента и интелектуалне распре, једну од најлепших песама књиге, а који пак, на једном месту у својој поезији подсећа: ваља живети, *стварајући се*, „сваки дан изнова, јер је Бог био слаб / и створио нас је нестворене, / половичне, у скици".

Претешким, црним словима исписана, али духовношћу илуминирана, књига *Сарајевски рукопис* је сведочанство о најдубљим процепима у човеку и времену, над којима је ипак надвијен облак – облик мишљења и дела, та једина нада у могућност употпуњења и надградње скице.

РАВНОТЕЖА ПЕСМЕ

Снови на окупу Симона Симоновића

Када је једном од својих раних, али и најзначајнијих песничких књига *Градски живот* Симон Симоновић (1946) увео град као кључни појам у своје песништво, пришао му је као задивљени освајач, истовремено „стидљиво и мангупски", изражавајући тада, својим сензибилитетом и однегованом песничком елоквенцијом, суштинску *амбиваленцтност* према миту градског живота: неодустајање и „спремност на сваку случајност“, али и дубоку узнемиреност и иронијску дистанцу пред нахрупљивом силом која – лако их гужвајући – мења живот, обичаје, традицију, карактерне црте својих досељеника, лишавајући их при том најсветијег поседа: индивидуалности, права на слободу, простор, време, могућност сновања (заснивања) властите потке постојања, и онда (или управо онда) када она значи гнездо, негде високо, у сновима.

Јер нововремени урбани митови гутају или разарају индивидуалне светиње, мегалитски и непрофилирани обрасци такозваног менталитета прерастају у насилну и моћну реалност првог реда, уносећи нове садржаје у митске дихотомије стварности и привида. Иза *Градског живота* остаје стога горчина ове кобне али готово неприметне замене, преврата вредности, који усуд сивила доводи свакоме пред врата, пооштравајући судбину појединца до мере под којом и он сам постаје „мало вероватан“.

Ова Симоновићева књига тај процеп обелодањује као широм отворен проблем немогућности поравнања рачуна, између дивљег укуса одржања живота и посвемашње истрошености, или, између испразности самог владајућег модела и принетог му данка у крви, у чистим неуралгичним тачкама иза којих су покидане суштинске нити – коренских и крунских вредности постојања. Бесплодни круг „луде куће“, чија несуштаственост приводи индивидуу царству привида (где смо само „на први поглед читави“), пепелу, сивилу, стапању метастазâ, и, напокон, врхунској метафори непостојања – *расцветаном срцу* (из истоимене песме), као у сам други свет: *Некада су чудотворци ни из чега / Стварали светове, банули су други, / Заклети да нешто претворе у ништа* („Прелазни период“).

Магијска, делотворна стварност, сабратски удружена са тајанством човекове интиме, моћима имагинарног и неистраженог, да у животној суми произведе плодоносни *сувишак* као залогу будућности, повлачи се у Симоновићевој књизи пред агресијом другачијих реалитета, произведених у императив везивања слепих крајева. Пред звуцима електричних тестера, пред конструкцијама вештачких помагала које с муком одржавају човеково здање, за песника Симоновићевог рафинованог односа према поретку вредности и традицији, као мапи крвних веза и избора по сродности, у свеопштој тековини *знања* и *осећања*, права стварност успостављених континуитета и тајних дослуха, калемљења вредности и значења опстаје и буја једино још у шумама поетских симбола и у архетипским значењима песникових снова.

Симоновићеве песме у овој књизи су чврста алегоријска приказања светова који се момоилазе, не остављајући један другом ни своје свете списе, ни своје тајне, ни своја духовна наследства. Но и у шкрипи тог мимохода рађа се лирика у којој је лична исповест неисприповедана, а опет присутна, разломљена, као хлеб у очевој времешној здели млека, и као мрва више у свеопштем расапу с подножја урбаног живљења. Симоновић неприметно прилаже своја сећања, дозиве и снове, дана-

шњим храмајућим, непотпуним и недостатним обрасцима трајања, као
што у идиоматским претрајавањима говорних схема налази зов старих
мелодија који прелама новим ритмом, како би симболима вратио пуноћу
и смисао, оспособивши их да у новонађеној *равнотежи песме*, окупљени
у својој животној снази, искажу говор и ћутање, прошлост и садашњост,
праисконску али ваздашњу лепоту и страх постојања: *Слушај како ствари, једна по једна, / Постају ћутљиве и блиске нам као прах* („Тамо далеко").

У луку од сете и ћутања до лирике скривене иза сурове речитости
стварносног документа посведочује се, и овом збирком, Симоновићева
поетска сензибилност колико и висок степен артикулације испреплетене и сложене поетске збиље.

ВРЧ ПРЕПУН ТУГЕ

Историја меланхолије Радмиле Лазић

Мазачовим „Изгоном из раја" визуелно започиње ова песничка
књига Радмиле Лазић (1949), сугестивно отварајући, у семантичком
оквиру човекових лутања, и питање о судбини жене. То питање у збирци дамара дубљим тоналитетом, будући да казује повест о жени која
више није Ева, већ *Изгнана из раја, / изашла из Ада, / побегла са губилишта* означава увишеструченост живота, чији предуслов јесте изгон,
али као најизравнији *увод у живот*, а потом и самоизгон, вечито, бесповратно одметништво. Аутентичност стваралачке оптике и става, свеприсутност искуства и вида, али и доследног животног избора, који подразумевају своју високу цену и улог-губитак (оличен, између осталог,
и кршењем оквира оне жанр-сцене у којој ауторка не жели да буде
„гоблен-бодом уденута"), најмаркантније су линије које парадигматске спојеве животно-стваралачке аутономије из историје меланхолије
изводе под светлост савремености а савременост пак постављају на ватру сталних кушњи.

Ако песма „Женско писмо" одбацује слепу прионулост уз родоначелно ребро, као вековима атестирано помагало које унапред осујећује право на потпуни идентитет, она одбацује парадоксалну слику о
недораслости женске (сверађајуће и свеобргљујуће) природе изазову
стварања живота, његовог упијања али и узвраћања његових раскоши.
Њоме, али не само њоме, песникиња изражава непристајање на било
шта што је мање од живота, од његове неукротиве самобитности и многоликости, и одговор му пружа својом ослобођеном могућношћу самооформљења, сопственом, наиме, неукротивом самобитношћу и многоликошћу.

То порицање општих места и непоистовећивање са другим, удаљавање од њега и истовремена потрага за њим, освајање је другог као сопствене непознанице, као још једног увида у бесконачно обиље, али и борба на живот и смрт, не толико против „љубљеног непријатеља“ колико против властитог умирања, против умирања самог. Изгон, као раскид са окриљем, за песникињу је увод у сазнање, и најделикатнија потка њене песничке меланхолије садржана у новој семантици губитка Раја који заправо песничкој инвидивидуалности Лазићкиног кова представља изгон из властите пуноће, осиромашење човекових одговора, суноврат његових креативних увишестручења – ближење смрти. Јунакиња њене поезије стога жуди за многогласјем (песме /посвете чак непосредно усвајају нешто од ауторског гласа и тона ауторки којима су написане и то је једна од занимљивих интервокаливизованих сцена градње поетских значења ове књиге), она је сестрински блиска оном самоисказу Марине Цветајеве: „Најживља од свих жена: Живот сâм“. Али тиме и најживљој могућности љубави, могућности многољубља, коју тако узбудљиво исказује у *Историји меланхолије* стих: „Љубљени моји, никад покопани...“

Но песникињино „умирем свакодневно“, са трагичким набојем алузија на ововремену отуђеност, вихорну распустошеност душе и живљења, у исто време је у овој књизи лирике извор горке и горде судбине непристајања, затворене у чауру усамљеништва које не може да порекне знакове биолошког часовника, нити у дубокој игри самопотврђивања, која изабира али и искључује другог, да затоми и надмудри вучији зов осаме, која напоредно тка своју суру земну егзистенцију („удовица од четрдесет лета“) колико и „свилен конац“ свог искупљења – ону „кап мастила у срцу“ коју римује са божанским. Њени стихови су стога пуни опипљивости, чулности, али и непрозирности и тајанствености нечега што измиче, остављајући за собом вечиту жудњу.

Испуњени врч многости што пламса у сећању, истовремено испуњен врхунцем самоће („сама сам већ своје срце појела“), али и својом божанском капљом, тај траг судбине у непосредном живљењу, али и у трансцендентном одсјају, подједнако су обасјани умиреном и сетном светлошћу зрелог стиха. Испевана у знаку трагике пуног индивидуализма, у свако време и у сва времена, али понајпре у она по себи страшна и страхотна, ова књига не без разлога призива и оне носиоце песничког самоизгонства (Дикинсон, Ахматова, Цветајева) који тај трагизам још више истичу на фону *смртнородног завичаја*, како би рекла песникиња, који души, госту на земљи, никада није дом. Дијалогом са њима Радмила Лазић осваја и виши, одуховљенији и сензибилнији простор своје поезије, овом књигом растворен на своје нове видике, који потпуније но пре осветљује изворе, својства, лексичке могућности и нове опсеге њеног певања, а може се додати, и песничког мишљења.

У ТАМИ ТАМА ИЛИ: ЧУДИЛО

Крај ѓодине Новице Тадића

> *Да ми није речи*
> *Помисли иѓрарија*
> *Остала би само моја*
> *Несрећа савршенија од*
> *Сунца на цртежу дечијем*
>
> *Само дисање у слаповима материје*
>
> *Само*
> *бол*

Новица Тадић, „Да ми није речи"

Књига изабраних и нових песама Новице Тадића (1949) сумира две деценије певања, иза којих стоји осам до сада публикованих збирки поезије, као и две књиге изабраних стихова (1988, 1989), аутора који ван сваке сумње представља, у данашњем зглобу српског песништва, дубоко самосвојан глас. Најчешће апострофиран као песник урбаних пејзажа и егзистенцијалног расапа и таме, Тадић је, додајмо одмах, и песник усамљеничког трагања за формулом која помирује (али без претензија да разреши) односе растрошених ововековних суштина што веју правцима центрипеталних усмерења, творећи наслаге отпада и шкарта, тамне масе депонија одбаченог и непотребног – као укупан збир и одраз људске опустелости и све истрошеније и безнадније подлоге постојања, космичке рупе, чији је одјек и бездани кратер човек сам – са пламеним визијама што носе чежњу очишћења у прамењу саме језичке енергије, једине творачке силе која у песника Тадићевог кова може представљати отпор јаловим обртима постојања, таложењу егзистенцијалне чађи, која прети да се, заједно са свим клишеима који се гомилају и злорабе, свуда, па и у језику, претворе у блато, грудву, врхунску незалечивост оболеле материје – гуку неизговора.

Књига Тадићевих изабраних стихова, кроз шеснаест заступљених циклуса, веома успешно одражава спојеве и споне између појединих углова у ауторовом виђењу света, као и језичких и стилских померања, откривајући, у првом случају, много више глобалног јединства и доследности но што увид у појединачне књиге може показати, у другом пак аспекту, тежњу да се у језичкој равни продубљује самосвојност, али и да се избегне једнообразност, да се омогући, дакле, лексичко обнављање, као обредно рађање, насупрот осипању и тонућу овога света о којем песничка реч Новице Тадића сведочи.

Тадић је песник модерног времена, наследник епоха давно завршеног, суморно замореног и истрошеног света. Његову далеку прошлост слути, траговима митског и религијског конотативног наслеђа, чија се пуноћа разбила ударајући у литице поједностављене ововековне збиље – која управо стога песнику служи као окосница иронијске градње, као сенка која још више истиче штурост и једнозначност кутије чија је празнина једнакост тами, а чији је положај тама у тами. У недостатку било које странице зацелитељске парадигме (о чијој заштитничкој, креативној снази да сања сведочи тек мали траг песме „Дивља долина“, као свитак прарођења) песнички субјект свој „пад у живот“ сагледава у кључном контексту пада у материју, и пада материје, а потом и као неизбежну и незалечиву драму „меса“. Пука омеђеност и сурова непромењивост оваквог земног врта, његова клаустрофобична затвореност и дубинска пропадљивост, његове творце не може, у песниковој оптици, приказати другачије но као *Госиодаре Језе и Грозе*, њихове помагаче као здушне злодухе пандемонијума, који витлају човековим сном и јавом, свешћу и подсвешћу, увек на самој граници живота и смрти, чинећи, тамо где је живот већ готово по себи смрт, све хароне, чамџије и „деличне заводнице“ сумњивим или у најбољем случају двосмисленим предзнаком спасења, а поданике овог тамног царства нејаким бранитељима сопствене коже (јер, „месо су појеле / године и људи“, као и ђаволски накот мува и крвопија, те свих других „чудила“ редом, које човек собом носи и храни). У црном витлу животног млина постоји само *ойшта жртва* под *ойштим жрвњем*, док је идеја спаса (који би то од свих мракова био најсношљивији?) изгубљена у *ойштем сйоразуму* Баукâ: онога који нас је пре рођења прогутао („Баук“), онога који на наше очи рађа нова чудовишта („Преградак“) и онога који нас увек „у стиснутој шаци држи“ („Шака, бубе“).

Тадићев песнички радикализам од Дисове визије пољуљаног и одбеглог неба, Расткове „мишићне пустоловине“ и „апокалипсе као порекла“, непосредним преношењем истородног стваралачког гена, муњевито стиже до удеса расцепљеног (или самлевеног) меса, наткриљеног увек новим безизлазом, будући да је превазилажење једне таме у Тадићевој визији могуће само другом, умноженијом и громаднијом; конкретна несрећа надилази се апстрактним злом, Зло је пак преводиво у Систем, Систем потом проденут кроз своје појединачне егзекуторе, а самим тим и жртве, у поновљеном односу: материја против материје, месо против меса, тама против таме – у распону од најотворније ране до космичког зјапа.

Хронологија, временска и просторна препознатљивост, урбаност и догађајност један су тек сегмент ове Тадићеве усковитланости млива свеопштег млина, стварности као већ оваплоћеног Страшног суда, и разуме се, иронична визија изласка пред „глуве судије“.

Жива песничка нарација Тадићевог певања (цео циклус „Болнице међу чемпресима", многе појединачне најуспелије песме, као на пример „Рибље кости", „Са диктафоном у џепу", „Плажа / тепсија" и друге), потом песме као метафоричка језгра, али и бритке језичке синкопе које спајају контрадикторне исказе и у маху им мењају смисао, а најчешће повезују два краја очаја, видљиво и невидљиво, страх и мржњу, непријатељство и зло, споља / унутра, појединачно / опште, апстракцију и живи рез, не само што рађају неочекиваност, већ успостављају и мисаоне спрегове чија се далекосежност очитује управо у замашнијем избору какав доноси ова књига. Али, пре свега, ваља их примити као најнепосредније и најзначајније изразе пламене енергије језика којима Новица Тадић уздиже своју поезију у чисти бол.

Тамо где је говор душе измештен и готово неприсутан (душа је ван кључне драме, разговара „сама са собом", под језиком, као што је и небо видљиво негде на измаку високе куле без врата и прозора, негде у прадавном сну), сустиже га радијација пламених додира језика, јединог крста спасења, или бар равнотеже два говора: оног натруњеног ђаволским семеном реалности и оног што припада самом Злу, на бојном пољу *јуначког огледања*, примереног поезији, које је Новица Тадић учинио мотом ове поетске књиге (песма „На Видовдан 1989") – јединог одговора који Поезија може дати попришту на којем „врви /Вечно зло".

Неумољивост овог језика равна је очуђењу, песничкој отпорној фигурацији Зла, уздама баченим на чини што би једном заувек премрежиле и угушиле Говор / Свет.

ПИСМО У СТАРИНУ

Јелена Анжујска и *Небеска преља* Драгиње Урошевић

Шесту и седму своју песничку књигу Драгиња Урошевић (1949) је поставила у већ поуздано исцртане равни своје поетике и стваралачки рукопис који истрајно и самосвојно исписује почев од прве збирке (*Згласје*, Просвета, Београд, 1972). На ту конзистентност у првом реду указује песникињино поимање стваралачке ситуације, потом, њена песничка техника и најзад, сам песнички језик.

Нове песничке збирке, свака на свој начин, али не и у међусобном раскораку, показују за ову песникињу изузетно важну и продуктивну спону коју она тражи и налази у релацијама песничког субјекта и једног стално присутног општијег плана, кроз који се рефлектује и централна инспирацијска потка Драгиње Урошевић. Песничка константа ове поезије, наиме, садржана је управо у идеји о спрези и узајамности индивидуалне и колективне судбине, о испреплетаности појединачног и универзалног, о дијалогу тренутка и оне временске равни која релативност или битност тога тренутка потврђује у историјској перспективи, или пак, прецизније, у једном од оних аспеката постојања у времену којим се смисао и вредност појединачног испуњава трајањем – одговором који индивидуа, опстајањем на пољу исконских и историјских искушавања, формира и као самосвојни облик оног наслеђа у човеку које ће га, између традиције и будућности, између његовог земног *сада* и космичког *безвременог*, понајпре утврдити кристализацијом вредности потврђених колективним постојањем, древношћну и стваралачки исказаном историјском парадигмом, што у поезији Драгиње Урошевић отвара простор не без разлога назван митопоетским.

Јер иако бисмо у односима у којима се исказује свет битних вредности који просветљују и обасјавају простор њене песме могли са лакоћом препознати валоризовање традиције, у рашчитавању овог песништва оно што најпре привлачи пажњу јесте управо стваралачки искорак који ће, са становишта специфичне, песничке дистанце, тај простор примицања индивидуалног и општег, садашњости и будућности обојити и новим опсервацијама и новим очекивањима.

И тако се приближујемо ономе што је у поезији Драгиње Урошевић најкарактеристичнија црта и њена можда најзначајнија иманентна вредност, чињеница да се те опсервације, ишчекивања и визије тичу искључиво права промишљања песме, да припадају њеној поетској слободи, да подстичу њену имагинацију и да њоме потенцирају моћ кристализације (без обзира на његову мотивску структуру) духовног искуства и креацију тако организованих и координирах представа које најадекватније исказују поетски идеал ове песникиње, а он би се, уз сав ризик да подведен под једну одредницу буде симплификован, ипак могао назрети у заснивању реалности песме, као притицању и сустицању најразличитијих искустава националне и опште културне и духовне баштине, која су, у исто време, у песникињином поимању, и најживље тачке отпора свим претњама човековог расточења, развејања, посустајања и ишчезавања.

Једна готово хеленски осунчана визија равнотеже, духовног озрачења, стабилности и континутета, као поетски и људски идеал повезује све књиге Драгиње Урошевић, па и ове које су управо пред нама.

Тај идеал, који реалности, ма где она била као непосредни извор инспирације ове песникиње (у историји, као у *Јелени Анжујској*, или у садашњости као у збирци *Небеска Преља*, у подсећањима на националну прошлост или успоменама на призоре из сопственог детињства и завичаја, што ове књиге свака на свој начин транспонују), одговара оформљењем једне нове, другачије, слике света, онакве какву само песма, у свом ткању што повезује опречности и расцепе, расколе, удаљености и супротности, грешке памћења и згрешења заборава, може и уме да премости и измири, па чак и наткрили. Стога Јелена Анжујска, метафора једног срећног зглобишта у српској историји, мира у вери, и измирењу вера, складу личног, породичног и националног импулса и циља, културног озрачења и приближења, понајпре њиме, управо у трајању и нарастању хуманог и културног валера тог проспекта израстања из једног времена (био он епоха или тренутак) у поезији Драгиње Урошевић добија значење срећно изабране и са њеним иманентно заснованим поетским простором готово поклопљене симболичке поруке о човековом кретању кроз време, које се, у митопоетичком говору Драгиње Урошевић, исказује као сустицање свих компоненти које подупиру и изграђују идентитет, а пристижу из тог појачаног осећања културне, друштвене, историјске, националне и личне одговорности и свести што не припада неминовно једном времену и простору, већ пре осећању за митски уздигнут простор и време, као узорни план којим се човек опире „залажењу у неименовано“, како каже један песникињин стих. Стога су врхови њене књиге *Јелена Анжујска* управо везани за илустративност тог освајања бескраја које постиже небеска преља, *преља висинска / заручница бескаја,* која, спуштена у нерасветљени човеков простор тражи исто: *да се до дна и до врха наднесем на себе* („Брнчина песма“), настојећи да и у простору изван и у простору унутар човековог бића нађе ону прећу којој је ова поезија окренута, где се „наталожила духовна сила“ и где *бог оснива станицу за своје биће* („Пустињак и светлосник“).

Тај врхунски тренутак који, како Драгиња Урошевић надахнуто уме да прикаже, не само као срећу човека, већ и као оно зарад чега и „бог један или умножен“ може бити срећан, означава велики корак нарастања, који започиње унутарњим складом а прераста у готово видљиво и опипљиво померање простора. Песникиња то мајсторски исказује једном од завршних песама књиге *Јелена Анжујска,* као ход планинâ у долини Ибра, које су за њу, живе и немирне, јер и *у пролећним ноћима, у развигорним добима / у сеобама по целој земљи, удаљеним шетњама / /планине знају да направе корак / од човечје године...*

Визије склада, али и раслојеног, малог живота предмета, призора, жанр-сцена, сачињавају ову књигу која оживљавајући историју изнедрује за песникињу најважније мотиве и идеје, исказане њеним најснажнијим средством – песничком сликом. Њен рад у детаљу, који тражи поузданост у истраживању колико и маштовитост у евоцирању, редак је у данашњих песника, и на свој начин – по духу пантеизма, уживљавању у фрагменат или евокацији читаве визије на основу реконструисаног делића некадашњег живота који Драгиња Урошевић зна да преточи у призоре имагинације што делују као осликана реалност – представља њен лични стваралачки потез. У њему је садржан и добар искорак из поезије оног усмерења који су дали Десанка Максимовић, понајпре, а касније Љубомир Симовић, на пример, а којим Драгиња

Урошевић бележи само себи својствен резултат. Пример за такво одступање налазим у поређењу између њене две песме. Једна, „Везиља“, на трагу је оне визије шваље из Симовићеве песме „Вече“, али и идеје коју маестрално реализује песма Александра Ристовића „Јефимија“. Тако да се „Везиља“ не доима као новина, ни као читалачко изненађење. Ни њена оптика, ни развој, ни разултат, нису посебни. Али, за разлику од тога, многе друге песме вредне су посебног помена („Месец и јабука“, „Обраћање ученици“ и друге), а посебно песма „Искушеница“, мајсторство визије која дели стварност од сна, или их, боље рећи, спаја, у призору космичке, манастирске и женске усамљености и кушње.

Ове одлике задржаће и књига *Небеска преља*, посебно у неколико кључних песама (насловна песма збирке, „Смрт Деспота Стефана Лазаревића“, „Сан госпе Догде“), мада ће читав простор ове збирке бити приближен колико данашњем тренутку толико и самом песникињином непосредном лирском доживљају, који је прећашњом књигом био заклоњен. То прикривање најдиректније интиме такође је једна од начелних црта ове поезије, која се клони потпуног разоткривања и говори појмовима и сликама идеала које је репрезентују. Тако је и *небеска преља* овде на неки начин преместила своје поље деловања, да би интензитетом набоја својих спрегнутих духовних сила осветлила песникињин дом, завичај, сећање, овог пута много више испуњено личним и породичним призорима, осликаним са уздржаношћу и деликатношћу која им даје и известан патинирани призвук.

Ту „заобилазност“ у исказивању непосредног, властитог доживљаја, илуструју песме које загледаност у себе, чак и када су у питању недвосмислено љубавни мотиви, замењују сликовитошћу и наративном метафориком („Песме о мом драгану“) и неправедно стављају у засенак песникињину способност да кратко и ефектно, мада на нивоу наговештаја, изрекне и ванредно лепе слике пробуђења, на граници сензуалности и мистике, говора тела, који је увек и слутња своје опозитности колико и призив другог, драгана, као опозитног пола, што је, у оклевању да се искаже потпуно, са благом тензијом неразрешености дакле, која лебди у простору песме – овој поезији која тежи финалним усклађеностима слика – углавном мање својствено. Такав леп резултат постиже песма „У ноћи младог месеца“ а ову краткоћу и елемент непредвиђеног, стварност осмотрену из другог угла, у односу на евокацију која прати наративност и испуњеност слике, дају и друге песме које привидно немају тежину носећих, али у погледу промене проседеа представљају и значајно освежење и могући благи заокрет у већ изграђеној песничкој методологији Драгиње Урошевић.

Када то кажем, имам у виду њену „небеску прећу“ што у овој књизи у емотивном и евокативном клупку везаном за породични и завичајни албум такође подстиче и надграђује идеју о топлини, складу, континуитету веза на којима почива, свет, који нараста струјањем кроз говор и додир са најсветлијим и најсветијим суштинама, чему су посвећене значајне песме збирке, склапајући хармонију којом одише жудња за *општом музиком, / где велика везиља / у сјај везе звук, реч и знак* („Молитва за пријатељицу"), кроз видљиво и невидљиво, у једну похвалу сливајући „писмо у старину" и „модерну бајалицу", „дошаптавање са прецима" и „бригу о потомству". Но и поред експлицитности ових порука, и дограђених слика којима су изречене, неочекивани ефекат вреба иза ове стабилне песничке градње, што бар писца ових редова покрене на ново читање, један међупростор који није презасићен вештом и сигурно исписаном ауторкином песничком нарацијом. Наспрам „Сеоских слика", на пример, може да стане и лепота само једне песме из циклуса „Тавни сјај". Песма „Јутро. Мраз" управо исказује то суптилно и прикривено сашаптавање два времена, мајке и кћери, нестварно а опет убедљиво и непорециво животно, из мразне даљине, и топлине гнезда које уместо у једном, постоји сада у два облика, у два бића, о којој ће на свеж и сугестиван начин, као притајеној драматици растанка, одлично проговорити песма „Парање џемпера".

Ово, између осталог и унеколико дијагонално, читање нових књига Драгиње Урошевић покренуто је управо свешћу о већ увелико заснованом и чврсто постављеном лирском свету песникиње, која је и новим књигама о томе дала пуне и високе доказе, али је у малим остварењима, којима наоко не припада тежина водећих токова и замисли, и која су се „отела" концепту, истовремено указала на нове и неискоришћене потенцијале свог песничког доживљаја, на меке и кратке потезе и на спонтаност поетског даха и исказа, који могу представљати и значајан контрапункт њеном досадашњем песничком говору. И у једном и у другом погледу, нове збирке су значајне у оном пољу певања који у српској поезији покрива Драгиња Урошевић.

ДЕЛТА РЕЧИ

Ребро Злате Коцић

„Песма истрчава испред човековог ума. Попут сна...", каже Злата Коцић (1950) у свом запису „Простор песме" (*Браничево* 1–2, 1991). Сва необичност њене поезије проистиче из тог става, уверења и инспирације, из природе поимања песме-сна. Јер он, који се дешава, сабирајући „мождане вијуге", пулсирајући из њих, заправо је за ову песникињу обједињење два искона: искона неба и искона земље, пра-праума и чулне и натчулне слутње будућности. Сан нам се, дакле, тек делимично дешава, ми смо садржани у њему, њиме обухваћени, око нас је склопљена његова тајна, његово многозначеће памћење и постојање. Тако је и најситнија честица тог постојања истовремено земна колико и небесна, умна и заумна, тамна и светла, и напокон, светлосна. Судбински колач који је од ње за човека справљен тврд је, патников, једе онога који га једе, али је и прозрачан, дубок и мек, паперјаст и лак, узвишен и посвећен, уколико сазнамо *путеве и порекло*, њихове тајне позиве за учешће у стваралачком увишестручењу *честице*, сазнањем и самоспознањем, као и оним древно-жртвеним што одузето врати „као вишак иметка“, како каже један песникињин стих. Али и путевима продуховљеним, имагинативним, когнитивним, видовитим и сензитивним, што смисао разноликих обреда очувања живота преносе кроз времена и просторе, дајући му, у овој поезији, а посебно у књизи *Ребро*, функцију конотативних преливања различитих слојева мишљења и маште, библијско-хришћанске, космолошко-антрополошке, митске али и посве савремене референцијалности, у најуниверзалнијем колико и у најконкретнијем смислу.

Стога није чудно што своју реч песникиња види и осећа, али и настоји да моделује као *холограмску* (уводна песма збирке: „Ћурак“), жудећи истовремено да јој да̂ и моћ да исијава стварно и етерично, видљиво и невидљиво. Инвентивном и до краја доследном игром кључних симбола књиге (греда, крст, честица-чесница, ребро и сенка, кап и лист, човек и жена, тама и светлост), водећи их до све веће прозрачности сфера којима се упућују најдоминантнија значења, Злата Коцић је заправо исказала суштинске поруке што се, најживљим сликама човекове свакодневне драме, уздижу до пројекција митских сажимања, али и нових визија широких симболичких вредности. Њиховим посредством песникиња осветљава човека као средиште света који се, управо његовим односом према вредностима које руши или ствара, и са̂м мења, унапређује или ишчезава, посвећује и гаси, у тамнилу нерашчитаних порука предака и времена. Обасјан посебно функционалним оживљавањем феномена жртве, средишње место у збирци добија за Злату Коцић суштински парадокс савременог живљења: не рашчитавајући транспарентно, одбацујући невидљиво, узорно, везујући се за створено, човек исказује трагичност своје заустављености, некреативности своје стваралачке честице, свој положај *жртве*. Тлоцрт крста, видљивог, оног од дрвета или леда, потом прозрачног и невидљивог, означава пуцање једнодимензионалности, дубину и висину обриса коју може имати човеково постојање, од сношења судбине (*у ову се кућу / крст не уноси, / она се носи као крст*), до њеног узношења у неслућено тајанство неомеђености, једнаку пуноћу пред-постојања и њених увира у *делту* речи: *Крпицу подарила / свилена буба. / За срамног / са стуба, / губавог, обуче ли — постајем опет / долама без руба.*

Злата Коцић је песму учинила читљивом у више система значењских и симобличких кодова, остварујући чудо размицања зидова, прозрачности, могућности да се осете стварности које су саткане од памћења и сновања, искупитељске и стваралачке, унапређујуће етичке и духовне сфере, данас заборављене, а неопходне за *пољуб-семе* – додир земаљског и астралног. Њена песма управо тим додиром разбуђује и разгибава слојеве ишчезле из духовног и имагинативног живота човека данашњице, јер је он сам изгубио свој унутарњи говор, дослух са могућим распонима свога клатна. На те покрете, којима је сам замајац, упозорава ова књига, откривајући простор који „упресовану светлост“ може да оживи, дајући јој неслућен обујам, њишући је ка недосегнутом и несагледивом. Тим замахом песникиња тражи и испитује различите аспекте реалности унутар човековог бића, али и оне који, још недосегнути, јесу сагласни са Бићем. Она тражи светлост која исијавајући изнутра, заправо стиже „одасвуд“, како је наговестила њена претходна књига *Оро око гротла* (1990).

Песме Злате Коцић у најнепосреднију мотивску везу доведе *Адамову јабучицу* и *Адамову кост*, извор гласа, пут и исход човековог усмерења. Гледајући их у умноженим њиховим аспектима, она се у овој књизи приближава разбијању оне своје стваралачке стрепње коју је изрекла претходном збирком: *Како да упртим / тај завежљај, / риту нечијег покрова, / кад сам унутра?*

Магија значења и зрачења књиге *Ребро* састоји се управо у осећању да је, бивајући унутра, у самом срцу, семенки људског постојања, и свог властитог доживљаја света, песникиња успела да изрази и његове ауре, његову другост, његов *праузрок* и *праузор*. При томе је кључну димензију овоме певању дала чињеница да је свој говор о човеку Злата Коцић преломила као најдубљу визију жене, формулисану непрекидно као говор о човеку – из уста његове сени. Та *сркбна, трпежна / у урни кућаница* у својој саможртвености постоји готово у равни непостојања, „ребрица“, која подупире читав човеков живот, Живот уопште, заоденута је у симболику древности, вечне тајне, многоструко обдарена, дароватељица, она је тиме и посвећена, уведена у најесенцијалније али и најуниверзалније просторе. Њена улога сверодитељке, видовнице, сроднице елемената, ватре и воде, управо је посредством елемената, пепела и леда, обреда утапања, нестајања и поновног рађања, све више примакнута светлости, „плавом додекаедру“, или закорачењу у етар, утапању у сверађајуће и најуниверзалније Једно.

Као животна есенција, она је „еухаристична, носећа, астрална“, како вели Злата Коцић у свом завршном и дубоко инспирисаном тексту „Ледени крст“, у којем још прецизније, религијски и антрополошки понорније, сагледава ову „капљицу из ребра“, „кап росе“ што човекову дружицу узидиже до астралног и светлородног. *Крхотно и бестежинско* њеним посредством постају везани, као и посредством многобројних симболичких представа што својим транспарентним и семантички засићеним набојем стапају слојеве вишесферичности из чије је роднице настало све, па и песма, те се све у њу и враћа.

Злата Коцић припада малом броју наших савремених песника – уз Миодрага Павловића и Милутина Петровића, свакакако – који симултаним стапањем ових димензија своје визије истрајно граде своје осмишљене и измаштане светове. Злата Коцић их при том заодева уројење слика, чудесну лексику, која се прелама језицима различитих боја и паралелних усмерења, попут дуге. Њен стих је стегнут, али источен соковима обиља, пуне преданости поетском послању.

ПРОШЛОСТ БУДУЋНОСТИ

У цркви Троја Петруа Крдуа

Почетак песничке књиге Петруа Крдуа (1952) енигматичан је и подстицајан. Песмом „Хаику говор" он не само што пружа кључеве, већ затворено, стилизовано и скривено језгро најкраће поетске форме нуди као заметак поетске визије коју ваља тражити испод површине онога што ће се ускоро јавити као поетски след што има властити сплет порука и значења, али који нам се неће чинити ни потпуним ни довољним без говора притајеног, „доњег текста", у којем се крије и његова крајња шифра. Песма која гласи: *Устани / да те изљубим / језиком у парампарчад* не само што је остварење језичке затворености и заокружености *par excellence* већ се у њему крије тајна равнотежа нивоа снага, невидљиве моћи и уочљиве немоћи, вере и скепсе, где управо невидљиво, одсутно, прераста у магијски одсудно, судбинско, и на тај начин недозвано и посвећено, колико песма у свом противплану, иза смисаоне паузе (попут класичне хаику дијарезе) нуди заправо као обичну овоземаљску скрушеност, световну немоћ и недостатну могућност одговора.

Чему?

Људском или љубавном идеалу, или високом и екстатички обожаваном божанском, или прикривеном а пагански насушном, или поетски узорном – чему још напросто није дорастао говор? Али узорно и егзекутивно у знаку су подједнаке двоструке сумње, будући да је и парадигма постављена, у необичном песниковом канону, императивно-молитвено, као услов од чијег испуњења – од уздизања те непознате целине, свеобухвата и јединства – у сваком случају зависи и покретање свега другога, па и његово сагледавање и изрицање, језиком који би се, пред ускрслом суштином, можда могао из разбијених парчади преобратити у јединство, кад би се исто тако могао везати за јединствени, продуховљени и наново посвећени, невини говор песничког стварања.

Реалност, наиме, коју види Крду, изгубила је своје показатеље и изневерила своје суштинске покретаче; загушена квази-истином и нарастањем „вести" о себи, истиснула је свако „слободно место" и себи самој, оно које би могло значити чин преиспитивања, вредновања, индивидуланог промишљања, савести и акције. Институционализована, стварност тражи своје употребне, усмерене и гласне видове потврђивања и чини их површно и лажно сложеним, претварајући их у истину једне стране, у служби „привременог вејања", у времену које је и само варљиво, и заративши, напокон, и са собом самом, ствара од својих савременика жртве, већ тиме што су сведоци извитоперења, окрзнути, дакле, својим „делом кривице". Историјски тренутак је за Крдуа дубока бора, јаз и расцеп, чије су противне литице ипак толико примакнуте да зло наличи добру, а наличје постаје лице (*Јесам оно што нисам*, како каже песник, ... *складиште муниције*). Тако непоузданост разара силогизме својих почела, који беху поузданост, оправдавајући несрећне и потируће свршетке, суме без покрића, збрајања незбројивог, поређења неупоредивог (*да ли је једна несрећа / важнија од друге; у цркви Троја; звонари нуде на тезгама / тајну вечеру*). Ниједно рођење није благовест у „умрљаном времену", у стварности која је избрисала своје четири стране света, али и дубину и висину, хрлећи безглаво у правцу свог гласноговорништва или у дифузни смер својих развејања.

Простор сумње тако постаје природни простор „праве" Крдуове песме и могућности да се разломи и *реч*, као хлеб, не би ли се у дубини видела стварност. Оно *испод*, што песник тражи читајући „горњи текст" стварности као мистификације, обмане у игри недостатних слова, јесте потрага за истином која можда још претрајава у дубинама памћења, у преобиљу недотакнутог смисла, у семену из таме зрења, из времена пре распада међусобно потирућих смислова, који озлеђују плодност, из простора чији повратак једино може значити истину прочишћења. Не желећи да буде грађанин похаране реалности, света илузија и угаснућа, Крду тражи чврсто и плодно тле (*хумка хумуса – хлеб*) на које се може ослонити и хоризонт, али и он сам, са неотуђивим правом на сумњу и веру, лебдење и лет, слободу облака да одређује свој правац и смер.

Цитати на које се песник ослања у склапању свог дубљег поетског потекста, говора дна и висина, јесу уистину необични, јер су то цитати „испражњени" од „реалности", ослоњени на чист говор поетског смисла и естетичког реда ствари, које Крду свесно одабира, потврђујући опредељење да не буде грађанин ове већ неке другачије стварности, не истањеног и не покиданог смисла, већ кондензованих вредности, повезаних својим унутарњим нитима континутета ванисторијског, симултаног постојања, у једној истој равни означеној „ћутећим језиком“ хоризонта.

Не желећи да непосредно сведочи о актуалној збиљи, Крду је ипак у свој сложени поетски дискурс унео помешане и ускомешане крхотине као говор по себи о једној реалности коју не може учинити другачијом ни на један начин сем да јој придода глас опомене са овога и онога света („Штрајк мртвих“), и предочи истине виђене оптиком једног новог Јорика (комадић лобање из песме „Предмет за размишљање“) и разноликих цитата песничке и естетичке баштине који исказују исто – „неодољиву потребу за *бити*“ – неприкосновеним, непромењивим, недељивим условом динамичне разноликости унутар трајања дискурса културе.

Петру Крду се тако огласио као грађанин света песничког знаковља, заснованог на духовној традицији, имагинацији и слободи, необичном стваралачком говору укрштања смисла и значења, жустрим прелетима кроз дубине времена и простора, тамо где је пуноћа истинског говора животног и дубоког трага, те натприродни поломи овога света и краја века, ма колико јасно били у књизи оцртани, делују као самопрождирућа и самопоништавајућа – нестварност.

У цркви Троја постаје тако сложена и снажна, понекад и гротескна, слика овог времена, колико и инвентивно шифрована ода другачијем постојању, духу и просвећењу, посвећености и освешћењу, уврштујући овог аутора, обема странама његовог специфичног поетског писма, међу особене и драгоцене песничке гласове, подједнако одговорне и у разложном скептицизму и у креативном полету, с разгрнутог дна, из самог корена.

ПОЕМА ОБЛИКА

Несигурност у тексту Васе Павковића

Критичар, књижевни истраживач, есејиста и прозни писац Васа Павковић (1953) ступио је на књижевну сцену као песник, са две успеле, запажене и награђене књиге: *Калеидоскоп* (1981) и *Опсесија* (1985), да би збирком *Телесна страст* (1989) можда најближе одредио своја песничка хтења, будући да је ова књига згуснула и прочистила мотивске и лексичке преокупације које се јављају као поетички предзнак, али и заштитни знак овог песничког рукописа који има специфично место у генерацији којој припада.

Телесна страст је, наиме, у налетима сасвим неметафоричког, бујног и непатвореног, *конкретног витализма*, говора и имажизма који је проденут између слика свакидашњице и веристичких сегмената присутних у свим Павковићевим збиркама, смештена у *просторност* и *матрицу ритмике*, што је од изузетног значаја како за доградњу Павковићеве поетике тако и за непосредне резултате поливалентне, пуном зрелошћу озрачене Павковићеве књиге *Несигурност у тексту*.

Неколико еквивалентих разлога говори томе у прилог.

Павковићева књига је, најпре, потврда *индивидуализма* као посебне стваралачке оптике, у којој је нескривена и већ заборављена присност враћена на поетску сцену као присност *нескривања* – недвосмислен, до краја *отворен* (раскриљен, али и искрен) говор о себи у простору, о простору у себи такође. Оксиморон *присне објективности*, коју може да понуди само језик уметности, Павковић прихвата као постојање у двостраничном одсеву (споља /унутра), које налази тачку свог јединог неугроженог (и функционалног) опстајања у изналажењу еластичних и променљивих форми песничког казивања и оне прозирности коју је најавила једна одлична песма пређашње збирке („Са болом у глави“): *Постоје прозрачни сати, (...) опипаваш свој телесни облик без разочарења, / спознајеш срећу облика и то је / довољно.*

Тако, нимало случајно, три одељка у овој књизи носе назив *Расутост* и сведочанство су о времену. Испред, иза и кроз њих – делује *уобличење*, освајање простора и „модерног ритма“, а тиме и танушне даске спасења, плутања, чистог и голог постојања у валима промена, растакања, пролазности, расула. Запоседнути простор, дакле, који уз сву тмастост своје немистификоване и неумитне судбине гибања и агресије, стиче подношљивост, управо у форми, спознању о простору – поезији самој.

Метапоетски простор је стога нераздружив од простора најгрубље реалности, тако ова нова опрека стапа, и својом конкретношћу и прозирношћу, ону константну двојност која је срж пезије: „Биће које се зове Ја“, како каже Павковић (минијатурни одраз тескобе и гибања велике реалности), али и Павковићеву „милост повезивања“ – Језик – простор конкретне и вечне, видљиве и транспарентне истине.

Посредством језика, поезија индивидуализам изводи на ниво *неутралности*. Павковићева књига је стога измицање острашћеностима говора и колективној параноји, миту и мистификацији; она је верност елеменарном слоју, ритму и диктату простора *запоседнутог животом*; једна особена, само поезији знана, објективност, као налажење тачке умирења и ослонца, чак и лепоте, разуме се, као одговора свеукупној несигурности, што ванредно формулише песма „Као крошња ораха на ветру“ и овим стиховима: *... реч на крају тражења, коначно / стабилизује текст, враћа у облик / који сам пожелео...*

Павковићева поезија се тако у исти мах јавља као одблесак традиционалне лирике (живе жиже индивидуалне тачке осматрања) и модерности. Она човека цивилизације види управо онаквог какав је, са лебдећом несигурношћу, усред немилосрдне тврдине стварности и грубости њених сурогата, застрашеног сопственим „достигнућем“ („На Кошутњаку“, „На пропалом имању“), *у срцу празнине*; али и са његовим другачијим, стваралачким достигнућем, у поезији тако јасним и згуснутим осећањем „среће облика“, смислу постојања и обновљеној нади у „ритам корака“.

За Павковића је поезија читање заборављеног *писма облика*, препознавање, али и вајање, новог круга постојања, чисте и вечне матрице живота, стваране напоредо са природом, и о томе, уводећи нове топосе у нашу савремену поезију, и активирајући ауторово завидно искуство лексикографа, говоре три сјајне песме („Бела рода“, „Језеро“, и „Пацов“).

За човека културе, а песник то јесте, поезија је та која памти, тиме дозива и повезује облике живота, и наново их рађа, разарајући устаљеност образаца, непромењивост, тешки покрет колективног ума и памћења. Она враћа на сцену и традицију, као недовршену *поему форми* – о чему сведоче Павковићеве реминисценције на Тракла и Црњанског, на тамни и бели прах расточења и нових додира, очај и меланхолију, расап и жудњу за новим животом поетских усаглашења; али и на ону звер голог, неукроћеног, и зато надстварног Растковог постојања, опоре и дивље сласти вечног живота, коме изврсно пристаје Павковићева слика „окате мочваре“, неотуђива од била Поезије.

ДВОСТРАНИЧНИ ПОГЛЕД

Воде или ветрови Милоша Комадине

Иако је ушао у поезију као недвосмислено урбани песник (што је у различитим аспектима потврдио са шест својих објављених књига), Милош Комадина (1955) је сачувао много од специфичног, истанчаног лирског осећања света, које унутарњу светлост његове поетске речи благо раствара и на тај начин омогућује да сусрет са оним што би могло понети назив *урбаних пејзажа*, или *реских контура света* (где песник спремно реагује на детаљ), не делује као „упад“ и разарање меког ткива његове песничке нарације, већ пре као обгрљење. Можда бисмо тај загрљај могли сматрати и изузетно плодним сусретом два света (унутарњег и спољњег), који, управо стога што се не искључују, песничку реч обликују као нове кристале, као говор нове реалности. У питању је чак и један вид дисциплиновања дубинске, субјективне пројекције, оне њене потпуности која би хтела и могла да овлада песмом, да испуни њено биће.

Ова књига Милоша Комадине, и својом структуром и својом „грађом“, јасно предочава специфичан пут ка новом искуству. То посебно потврђује уводни део књиге („О песми“), који садржи шест аутопоетички пројектованих текстова што одражавају унутарњи крет промене. Први, под називом „Кошуљица, речи“, у духу је нежног чуда песничке обзнане: и песник има своју змијску кошуљицу, вели Комадина, „напросто, осване у њој, као змија без ње“. Унутарњи плод свог песничког делања Комадина ваја у новој дубини спознања о процепу: „Напустило ме је оно божанско осећање да морам и могу све да кажем одмах, сад, на једној страни.“ *Двостранични поглед* за Комадину у овој књизи постаје неизбежан, као само формирање Гласа, чија унутрашња страна више није говор песника већ *говор Песме*, а чија је спољашност ослобођена за контакт са светом, за нову врсту обзнане, обзнану *света у песми*.

Композиција књиге Милоша Комадине на овај начин добија најбољи пролог. Уследиће „Десет драгих песама“ – десет погледа на свет, рекли бисмо, који су упили призоре спољашњости, а чији је Глас остао и даље препун лирског набоја, иако му потка може бити један стих: *Крв је у мени тиркизни гас за лампе* („Код прозора“). И управо је поетички став о *једноставности*, рођеној из јасне мисли о контакту, овај стих учинио тако продорно личним и лирским; кроз њега је проденуто, као кроз прозорско окно, десет погледа и десет фрагмената света, а при том је остао неизговорен до краја најдубљи песников доживљај: не ишчезава свет, већ „тиркизни гас за лампе“. И не ломи се окно, већ попут силуете пригушено *песниково биће. Песничко* биће је, захваљујући двостраничности погледа, та проденутост, односно, сама песма.

Три завршна дела књиге („Текстови“, „Есеји“ и „Као приче“) одраз су управо ових поетичких настојања за прожимањем. „Текстови“ су фрагменти свакидашњице, необичних и лепих одливака из урбаног складишта, којима наравитни глас, прожет лиричношћу, подарује сасвим нову опну, померени доживљај, вођен потрагом за оном личношћу која ни сама више није једно са светом нити у себи једна, цела и своја. Подвојена, она је тајни луталац кроз властиту и туђу реалност, на ивици, где заправо ниче *реалност текста*, о чијим новим димензијама сведоче мале приповести којима се књига завршава.

Комадина је у меким обрисима прозних и поетских текстова исказао померање поетичке визуре колико и нову димензију свог лирског гласа, који је, отворен за најшира преламања и перспективе, омогућио и довођење у везу различитих жанрова, чему је и раније тежио. Остварен резултат је у првом реду – обогаћено поље поетских значења – а потом, и нов ниво подлоге ове особене лирике која је достигла и одлучујућу специфичну тежину.

ОД ШТИВА ТЕЛА КА ТЕЛУ ШТИВА

Конверзија Васе Павковића

Збирке песама *Телесна страст* (1989) и *Несигурност у тексту* (1994) одлучујуће су утицале на формирање зрелог аутопоетичког ис‐ каза у поезији Васе Павковића, који је управо у овим књигама са‐ гласан и са постигнутим поетским резултатима. Младалачки дотоци наишли су на делте и рачвања, што дотичу сфере ауторефлексивно‐ сти, обиље калеидоскопски разложених и песниковом оку специфично преломљених фрагмената стварносних и књижевних искустава, али и оснажење самосвојне димензије лирског певања која узнемирава и огољује, прати и истражује свој основни предмет, *лирско ја*, као тајни и трајни фундус промена што најживље (али неизбежно) и *најистини‐ тије* вибрирају, удевајући свој ритам у новопронађене језичке варија‐ ције.

Штиво тела постаје *језичко штиво*. Али и шире, кроз тело – *про‐ стор* – једновремено у сталном, загарантованом процесу нових офор‐ мљења, *заклоњен и оформљен*, у противставу према расутостима које, удаљене од језичког звука и песничке артикулације, могу стећи значење празнине (*ништавила*) колико и *ризичне пренапрегнутости*, презаси‐ ћења, којима би се губио његов креативно ослобађајући смисао проме‐ не. Језичка тактилност, додиривање простора унутар „перфорираног тела“ окренутог истовремено дамарима и звуцима спољашњег , пред‐ услов је вибрирања песничког звука и специфичног језичког органи‐ зовања ове поезије која калеидоскопском променом оптике тражи нове *ритмичке матрице*, језичку свежину, као само постојање, поези‐ ју. Телесни облик, ту најопипљивију од свих искрености, Васа Павковић уводи након Растковог апокалиптичко/виталистичког разобручења, на нови поетички хоризонт значења, јер га из *облика среће* преводи у сферу *среће облика*, која у књизи *Несигурност у тексту* доживљава сво‐ ју пуну афирмацију (али и превазилажење) песмом „Ништа, тамница“.

Ту је назначен скривени заметак *Конверзије*, изненађујуће (мада не и сасвим) нове поетске кривине. Тренутак када облик постаје там‐ ница, али и када тамница (тела) престаје то да буде (добијајући нова чула, нове перфориране просторе, нова видна поља а самим тим и нови језик), испражњено, или непрозирно, недосегнуто постојање тела, или тело као постојање нове могућности облика, онтолошким раздваја‐ њем преводи се у естетичко, поезија пак из неутралности, испражње‐ ности, и глувила (Ништа) у отвореност простора у коме упија, истра‐ жује, оглашава Све. Та дотакнута и озвучена отвореност интиме, њене сонде које сврдлају по унутрашњости и упијају спољашност, то је за‐ право *еротизам* ове поезије која у телу најбудније осећа и вишеслојне спољашње омотаче стварности (њене ругобне израслине, урбани замор, истрошеност идеолошких покретача, удаљеност и отуђеност природе, нескладно, повремено и делимично ходање у корак са стваралачким порукама савремености или традиције), све оно што је у збирци *Несигурност у тексту* успоставило мрежу својих значења, порука и језичких валера. У односу на њу, збирка *Конверзија* је специфичан међупростор, она одјекује детонацијом из самог средишта поетичког језгра, као тајна диверзија коју је припремала сама апологија искрености. Тамна боја дрвореда, на нови ступањ подигнута меланхолија Црњанског, као ново самоспознање у сенкама очекиване старости, „можда смрти" („Низ мрачне улице, Чарнојевић"; из претходне књиге) у *Конверзији* неочекивано згуснуто заустављају и преокрећу смисао еротизма, проналазећи на оба краја истраживачких тунела чије су електронске катоде биле набијене витализмом, крајње могућности, истински замор, пренаглашености у опробавању тела, бескрајну избледелост досегнутих обриса и порука реалности. Једна не више претећа већ стварна промена условљава конверзију, промену бројке, личне заменице, извора јединствености и окупљања у синхронијској поетичкој слици (ја, један, ерос, смрт, буђење, нови живот, језик, поезија), *размену моћи* – досада оличену у снази еротизма – за нову форму веризма, бележење очаја, иза кога, овога пута, нема потпоре ни у једној другој сфери бивања, изузев језика самог. Тамо где су замор и старење тела представљали само фигуру, израз меланхолије, *Конверзија* их региструје као стварност коју поетски текст бележи у расапу основне посматрачке призме и форме/тела, али утолико пре из нових дубина, очаја (реминисценција на Андрићев инспирацијски ослонац у очају овде је и те како прикладан поетички подстрекач), из таме и смрти црпи нове видове језичких разглобљења, да би, и у смрти у језику, и у рађању фрагментаризованих језичких носилаца који још лутају, тражила нове могућности уобличења, новог поретка смисла, нове основице живота у тексту.

Сам језик и само језик израз је ове *размене* (физичке, осетилне, при том и драматично поетске, како је већ уобичајено у следу наношења боја Павковићевог поетског пастела), још једног раздробљења у језику самом. *Штиво тела* по први пут у песништву Васе Павковића еротизам успоставља као ишчезавајућу, флуидну снагу, али је зато *штиво језика* васпоставља, као наговештај, као песму чежње и песму о чежњи (изврстан средишњи део збирке), односно, *нови вид еротизма* управљен непосредно ка рађању поезије у језику, као рађању самог живота, и постојања. Тај култ рођења, проистекао из изванредне игре прљавог, дубинског и заводљивог, у који се задире не би ли се оплодио светли (видљиви) траг поетског писма, један је од најузбудљивијих форми еротског чарања, игре смрти и живота, као ероса пробуђеног у законитостима самог писма, у пориву стваралаштва, који не посустаје ни пред замореношћу времена ни замореношћу тела, а који у новој поезији Васе Павковића дочарава мистична и изванредно сугестивно дочарана снага *йодјезика*, као одговора подривачким биолошким и историјским законима или пак псеудоживотним наплавинама. У њему песник поново тактилно, голим чулима дотиче извор истине, дакле поезију. *Кулш йоезије*, штавише, који као и сваки култ ваља обнављати дубоко испод истрошених површина, у утерусном, влажном, јецајућем и сричућем писму живота.

Тешко је, са ове тачке гледано, наслутити куда и како ће се кретати поезија Васе Павковића у будућим песничким књигама. Но извесно је да је овом збирком она остварила анатомски живи рез премошћења између смрти и живота и из посве неочекиваног угла начинила заокрет у писму – један стваралачки цеп, пре него рукавац – а у исто време потврдила поетичку целовитост и доследност овога аутора, њихово искушавање и резултат.

ПРЕЛОМЉЕНА РЕЧ

Горка вода Гордане Ћирјанић

При сусрету са новом збирком Гордане Ћирјанић (1957), која је до сада објавила три песничке књиге, читалац најпре запази да је уобичајене називе циклуса песникиња заменила бројевима који означавају године. *Факши живоша* одредили су не само структуру књиге, него и њен карактер, однос према песничком поступку, најзад, и однос према поетском језику, назначили су особен приступ ономе проблему који осећа сваки стваралац настојећи да поетику што прецизније усмери према стварносном плану. Гордана Ћирјанић је овај проблем осетила на још специфичнији начин, освајајући, у годинама које бележи њен песнички дневник, пре свега сам живот, и налазећи, у његовој пуноћи (прва година њених записа, и само једна песма, „Фотографишући срећу“, предовољна за тај узлет) и пуноћи личног сазревања елементарну сигурност која је спонатано потражила склониште у речима. То радосно, растерећено, а опет препуно дисање у песми, које готово да нема никакве везе са намером да се *сшвара* поезија, та природна жеља да се „срећа дочека топлом речју“, ипак су значили више од нехотичног уласка у поезију. Они *јесу облик йоезије*, испуњен животом, његовим стварносним простором осветљеним споља и изнутра, и то је онај специфичан поетички угао, који је усвојен спонтано а освајан дуго, али који је, без сумње, уродио пуним резултатом уверљивог, снажног, експресивног лиризма, који је и поред тога остао на свој начин мек, носталгичан, рањив, горак и топао у исти мах.

Јер наредни циклуси-године показаће да је уточиште за срећу, реч, постало и неопходни простор свега онога што је песникиња од почетка спремна да искаже са неустукнућем; *талог искуства* постаће тежина и боја њене песме, њена исповест, молитва и тужбалица, просев утешног провиђења или удар безнађа, носталгије, сећања, али и регистровања оних граница преко којих само искуство не може даље, те стога не може ни реч. Диктатом реалне судбине вођена, реч/простор Гордане Ћирјанић морала је постепено потражити и наслутити постојања „изван лексике", како она каже, саму душу. То је омогућило да ова поезија одиста буде „покривена", и прожета искуством, и када оно значи продорну визију савременог живљења, *другде*, где се на „туђем језику" хлеб једе, и где управо тај језик својом страношћу постаје услов дистанце, или боље: истинитог, непристрасног регистровања, сведок свеопштег „умирања", и *тамо* и *овде*, где носталгија опет, и сам корен песникињиног живљења, не умањују истину да и ту човек „залаже свој људски лик".

Једном се приклонивши „крупној речи", речи пуној и одважној, Ћирјанићева јој је доделила улогу водича кроз блаженство интиме, али и кроз хаотичност човекових зачудних лутања и странпутица, напокон, и кроз удес што несрећу сопственог народа удружује са личном драмом, те ту реч ломи на изговорено и неизговорљиво, као што импресивно исказује њена „Последња песма". Научивши се изговарању пуноће бића, и само у њему тражећи вредносни след „поезије, вере и знања", на самом рубу, где почиње не–ја, што ни мистика ни бол не досежу, зауставља се песникињина језичка чежња, јер је небиће изван домашаја речи. Језик-дистанца, или језик као залог пуноће, језик поезије као љубав према истини и поезији истовремено, зауставља се пред непремостивом препреком, прикраћен за целокупну своју моћ, која је, по Гордани Ћирјанић, у надлештву истине и поезије, у чему је заправо његова креативна служба и лепота.

Стога њени стихови одрицања од поезије у овој песми нису реторски, већ дубоко потресни и схватљиви : *И остала је гола, рањена моја песма, / незаштићена лудошћу игре, / незаштићена чак и присуством мојим / откад преломих овај живот, / од љубави и од језика грађен, / откад преломих овај живот на два света.* Тамо где је остала лишена пуноће, када је пуноћа прешла међу, у оностраност, напуштена од саме себе, када је остала без онога што чини бит њеног живота, песникиња зауставља своју реч. Почетак и крај збирке у оштрој су опреци, драматичној и потресној, управо онаквој какво је време рађања и умирања, коме је језик поезије *саучесник* и *сведок*.

Лепота је без сумње за Гордану Ћирјанић поезија, али стога што је поезија језик безусловног поштења, јер је интимна, „гола", неприлагодљива, елементарно истинита, колико су то срећа и бол. Овај став уродио је изванредним лирским остварењима, у којима је Ћирјанићева (каогод некад Црњански, из туђине) написала најдирљивије и најчежњивије песме своме народу, такође „голом", као таквом, поносном и рањеном. Нису све наративно-лирске партије њених песама/исповести на подједнакој висини, али ће песме почев од „Креације", „Најезде", „На туђем језику", „Молитве", „Повратка кући", „365 дана слике", остати истински параметри у вредновању њене поезије, и најбољи примери другачијег песничког гласа, значајног и потребног савременој песничкој палети ових простора.

ЈЕДНОСТАВНА НЕИЗБРИСИВОСТ

Мајка Живорада Недељковића

Живорад Недељковић (1959) након песничке књиге *Погрешна прогноза* (1991) објављује под насловом *Мајка* своју другу песничку збирку.

Песме које чине ову књигу написане су, како и аутор вели у својој белешци названој непретенциозно „Уместо увода, уместо било чега", за двадесетак дана који су га делили од смрти мајке. Компримовани доживљај туге и губитка стога је природно полазиште ове књиге. Њено језгро. Њему је придодато пет раније написаних песама прожетих слутњом и осећајем губитка, али у поређењу са главнином књиге – са њеним искуством које је *реално* преоденуло у стишани и пригушени тон песничког уздаха и непребољеног жала – ових пет песама не садрже тако чврста упоришта као драма и утихнулост што стоје иза непогоде Смрти и иза Успомене која је више од тога, једноставна неизбрисивост, Мајка.

Заправо, ова књига је суочавање две неизбирисивости, *факта смрти*, као заустављеног живота, и *фактора сећања*, оживљене успомене, у тренутку када заборава још и не може бити, те љубав која исписује своју тугу у суштини супротставља факту смрти један *други, измењени живот*, чије је видно поље тамнило губитка, али и сјај и вредност изгубљеног, а то је поље које је одвајкада представљало најизазовнији контрастни фон сонета, његов класични изазов самостеге и кристализације бола. У Недељковића, живот у коме је постојала Мајка, живот пролазни, свакидашњи и овдашњи, али и присуство Мајке, у збивањима која су и даље овдашња и садашња, а ипак измењена – са новим сазнањем о суштини бивања – то је у овом случају сонет, у коме постоји крхка и рањена целовитост постојања, колебљивост изазвана и зањихана тугом, али и постојана жудња да се не чува успомена, већ сам живот са својом вечном окосницом која изгубљено враћа трајањем духовне и емотивне енергије, озлеђене ишчезлим, али и потврђене у основним законитостима неизмењивости и нераскидивости својих спрега у егзистенцији која продужује свој вечни круг и еманира свој најбитнији, мада невидљиви супстрат. *Ненадокнадивост*, која је сама собом двојни, незалечени, али и трајни извор непрекинуте емотивне вибрације, Живорад Недељковић својим деликатним стиховима изводи као доказ оне неумитности и неуништивости које су запљускиване *са обала живота* и којима је сама поезија потврда, утолико пре и утолико више уколико нуди нове изразе том парадоксу, који у осећању губитка чува измењено /неизмењено, трајност затворену у одрону пролазног, нераскидивост која је релацију лирско ја – мајка, стегла у простор срца, грумен земље, а њима ипак премрежила најудаљеније светове у жудњи да сачува и искаже есенцијално, али живо, пулсирајуће: непресушну *блискост*, под крилом ишчезле *близине*.

Недељковић је песник до краја свестан опасности што леже иза сложених феномена које жели да искаже у њиховој тешко исказивој спрези. Чиста осећајност, која у овој поезији најчешће надвладава замке поједностављења, у исто време је и сентимент који у судару са загонетношћу, тајном губитка и превлашћу емоција, у његовом стиху добија аутентично и дубоко, пре него мистификовано обличје. Сонет се у искуству овога песника појављује не као питање форме, већ питање суштине: истинског *осећања мере*, која стишава и кроти, и ван сваке непримерености и искорачења успоставља израз ономе што постаје окосница овог суптилно раствореног искуства: трајања са раном. То је одредило и карактер и мотивску разрађеност штива књиге, које се свија око гнезда свакидашњег живљења, око дома, ситних и наоко безначајних ствари које творе свакидашњицу, где је усидрена неотклоњива важност управо оних који су је успоставили и испуњавали, и која и даље траје, чинећи утолико пре видљивим суделовање невидљивог и непролазног у самој стварности, речито оспоравајући дефинитивност границе коју намеће непознато и неисказиво. На парадоксални начин, који својом формом и разрешницом управо сонет чини видљивим, и само мистичко искуство уведено је у простор личне, емотивно обојене, сетне али неизмењиво топле осећајне потке, која чува неокрњен *вредносни план* успостављеног света, као *животну подлогу* што опстаје и траје као златна а тиме већ и отпорна мера што може собом да искаже свој идеал не уздижући га, изнутра, као што том истом мером може да свлада и искаже губитак, преображавајући његову трагичност у постојаност реалности која не признаје празнину, већ само одсуство оних који су је у најпотпунијем виду творили и зарад којих је и тајна велике непознанице приближена, можда чак отопљена, магијом познатог, блиског и – незамењивог. Стога су ови сонети животне угнежђености и једноставности, у отмености своје сете, истовремено избегли крупне замке идеализовања изгубљеног и мистификацију Одласка, остајући при том сведочанство књижевног простора интиме која са умећем и дисциплином као и са чаром самог сетног склапања одговора тешкоћи сазнања нове искуствености на свој начин помера границе инвентивности у поетској форми где је избећи утврђеном ритму и поновљивости риме истинска реткост. *Стишаност*, заправо слух окренут свакодневљу, испреплетаност замрлог и новог у сценама породичног живота и интимних навика (изврстан сонет „Грашак", као потпуно нови мотивски образац изнађеног сјаја обичности), *детаљ* као носилац основног расположења и атмосфере, *говор предмета* („Шољица за кафу"), *тиха поверљивост* успомена у ритуалима које интима чува и памти – као што их самосвојно, до краја индивидулизовано проживљавање бола са отпором искључује из општег, навикнутог обрасца и извештаченог обола – праћена је *лексиком* која такође заобилази типско у овако деликатном и ризичном мотивском склопу књиге, и која, и ван њеног предметног усмерења, обогаћује поље кретања сонета тако изнова живо успостављеног у нашој савременој поезији. Напокон, ту је и тихи, поверљиви дијалог са зналцима дубина, *интертекстуални преплети* стихова који цитатом, реминисценцијом или поетском парафразом и епистолом која укључује друге песнике и њихове текстове о смрти, омогућују Недељковићу да оствари шири простор, другачији исказ истог, нову границу гипкости сонетног облика и његово дубинско раслојење у поджанровску а најпосле и семантичку разуђеност, избегавајући таутолошки одјек, замор, не толико самог сонета као форме колико једноличности коју као опасност у себи носи тематско поље ове књиге.

Нису, разуме се, сви Недељковићеви сонети остварени са истим резултатом. Но њихов основни тон умекшања обрасца, способност да и у два стиха или терцини на изузетан, драматичан начин, сукобљеним перцепцијама, постигне поенту (завршни стих сонета „Цвркут", на пример: *Цвркут у часу кад је раку започео будак*; или у песми „Окопана јагода" стих – *У мирису усијања, свих громова жижа*; или који други, попут овог: *Мај, бит траве умањена косом* у сонету „Мај" – нека буду неки од најсажетијих примера) потврда су новог сонетног даха. Томе ваља додати осећање за модерну укорењеност сентимента у поље распршеног и транспарентног колико и њихово поновно уобличење у темељну *искуственост песме* (*Видљиво разлажем, јер хоћу да дишем*, каже и сам песник у једном од најбољих сонета „Никад више"), мелодијско и фонско измештање ка новој звуковности која премошћује удаљености транцендентног и егзистенцијалног и измиче традиционалном језичком обрасцу и римаријуму, надвладавају нејасноће, недовољну кристализацију и некритичност (сонети „Сета, пролећни дан", „Житељ", „Предео" могли су изостати из књиге). Тако ће читалац ове књиге поуздано у њој наћи сонете за поновно читање, песник пак многи инспиративни стих близак антологијском (бирам, у власитито име, стих из песме „Ружа": *А много је глади уз твој корен, ружице*), а критичар обавезу да уочи специфичност сензибилитета и аналитичније укључи овај поетски глас у оживљени сонетни простор савремене српске лирике – ослоњен на оно крило које искуство свакодневља Мирослава Максимовића у сопственом луку доводи до најактуалнијег тренутка и млађих песника тишине – као и да, разуме се, са занимањем очекује даљи Недељковићев поетски рад.

О КОШТИЦИ, ПУТУ И ТВОРЦУ

Трокњижје Војислава Карановића

Поставка поетског света Војислава Карановића (1961) ригорозно је доследна, њена реализација лирски разграната, рафинирана, опијајућа. Можда би тако могао гласити најдиректнији упад у песнички свет који се пред уживаоцима поетске авантуре раствара поглавито у три Карановићеве књиге (*Записник са буђења*, 1989, *Жива решетка*, 1991, као и збирка *Стрми призори*, 1994, све три објављене у белим књигама Матице српске). Могуће име овом поетском отискивању, у најширем спектру избора, понудиће већ збирка *Записник са буђења*. Можемо се, рецимо, задржати на стиховима: *Живот поседује упорност / Коју понекад не разумем / и није ми блиска* – управо стога што она означава упорност једне *вечности* – творења и именовања света, која притиска и истискује индивудуу и самим тим оспорава њену самосвест, креативну моћ – моћ сваког појединачног, а напосе песничког самопотврђивања – која је, надасве, и поред свих филозофема које Карановићева поезија нуди, основни његов артистички провокатив. Имагинативну и митопоетску димензију тог отпора вечности понудиће већ мото ове збирке, садржан у евокацији блејковске усамљености у Бескрају, која ће у овој збирци наметнути једно од најрафиниранијих разматрања поетике простора у нашој савременој поезији.

Та поетика, искорачила из оне Башларове куће бића, понорнија је и раслојенија, јер управо доводи у питање срж оваквог концепта, сам архретип, наиме. У прилог бескућне слободе иду дубоке и без оклевања изречене премисе које говоре о паду – дакако, не више у живот – већ у свест о његовим битку, духовним суштинама, које, да би потврдиле своју конвулзију и творачку моћ – морају у првом реду садржати моћ отпора архтетипу, *студију простора* као *самоизгонства*, заборав као присећање, буђење не као устајање (нестајање), већ сучељење са самим собом, једно радикално преиначење *појма границе* која спољашњост дели од унутрашњости, постојање од непостојања и живот од смрти. Јер кућа битка, садржана у најопштијим кореспонденцијама спољашњост /индивидуум, управо потире могућност поновног рађања, поновног стварања, ревизије. *Понекад је потребан известан напор, / упорност свести, / да се сетим: ко сам (Жива решетка).* Буђење у самоме себи постаће извор непресушних релативизација које потиру постојеће међе и успостављају нове границе, из посве нове перспективе. Закони средишта проглашени су неважећим, јер се и не жуди за средиштем већ за новом мером самооријентације и саморазбуђења. У односу на поредак који исказује емпирија, норма, и њена важећа одећа, језик, такав приступ је неминовно *измицање*, па чак и *скок* – или, посматрано изнутра, један вид *дисторзије: Не кажем да је свет / закључан у људској лобањи, / али нисам сигуран да је граница / Тамо где смо је ми / Замислили. И повукли (Жива решетка),* да би се напоредно поставило и питање *дома у језику: Измиче ли нам нешто? / Да ли је дом стварно у језику?* („14. децембар", из дневника); (...) *а могло би се и без говора, не познајући реч / у себе тонути / и / радовати се, заиста, томе се радовати (Записник са буђења).* Ова дисторзија крунисана је тако падом у *друго постојање,* које превиђа клизну, слубљену раван спознаје /исказа, и која измицањем, одизањем епитела као углачане и срасле наслаге чулних, сазнајних, исказних равни, заобилази пошаст самогубљења, тиме и свеопштег измицања, исклизнућа најкомплекснијег доживљаја, себе у себи, себе и света, света у себи . Заспати у *кући могућег,* на самом рубу постојећег, чак мимо њега, за Карановића значи пробудити се, и тај *сферични лет* између два постојања која су опозитних потенцијала слободан је лет, пад који би се могао назвати и узлетом, одлепљењем, и који „Патетичну" (песму) чини једним од модела спиралног уринућа (*кад бих могао да се некако / уврнем / увучем / у себе, угасим / да будем и не будем ту*), стварајући и једно лутајуће, *естетичко светло,* које своје средиште налази у самој *могућности* паљења, у могућности активирања, на танкој линији две смрти и две таме (безсигналне равни која се одиже и на чијој се исподповршинској храпавости ради, подједнако истрајно (*усмереност у незаустављању*) колико и диверзијом, стрмоглаво, на рубу амбиса, и шта више, понад њега (*све се указује / у сулудој и због тога / аутентичној краткоћи;* „Тренутна", *Записник са буђења*).

Измицање као облик постојања, реафирмисање заборављеног и потиснутог субјективитета до границе *иза,* које је опет *неко ново ми,* за Карановића постаје окретање најдубљем сажетку релација које означавају творачки субјект, па самим тим пробијање традиционалног *пада у живот и језик – живим у језику којим се / на епитаф животу пише : живот* („Скица за аутопортрет", *Записник са буђења*) представља платформу на којој Карановићев поетски свет почива, преиспитујући могућност постојања поетског изворишта у чвору који субјекат иза себе, у трезору својих најдубљих заборављених (или још неоткривених) истина призива, и говора који је иза „епитаф-живота“, живи говор живог субјекта, који можда почива и иза и изван говора, негде даље од мисли „завејаних речима“. Речца *иза* за Карановића је прерогатив постојања, али неминовно и водиља његових поетских истраживања.

Постоји при том и она граница која дели тачку ослонца од тачке неизвесности доскока, али и необично стапање које омогућује да *ūад* буде и *надīледāње ūада*, која физички закон претапа у лет, неминовност у слободу, и томе је посвећена она линија која „ Лик на зиду „(*без ūруūа ūруū / скок*) у збирци *Заūисник са буђења* везује за песму „Птица“ на крају ове збирке: *ūūица је излеūела из моје лобање: наūоље / мој мозак / а не облак / заūловио је ūразниūм ūросūором / с оне сūране īовора / мењајући облик / у додиру са ваздушним сūрујама / ūūица!* Ето својеврсне потврде једног од основних противречја Карановићеве поезије: *Дубоко сумњам / Да реч* напољу *значи / Оно шūо ми мислимо / Да значи* , саопштиће стихови песме „Salto mortale“ (*Жива решеūка*). Бити *најдубље* а истовремено бити *наūољу*, једна је од двостраничних окосница које чине бит Карановићеве поетике, његове визије субјекта, без кога нема могућности излаза, разбијања зидова. *Повремено сам слушао себе изван себе, оūūрилике као цвиљење неке младе мачке; али иūак*, каже један од његових кључних текстова „Записник о буђењу“. У томе *али иūак*, садржано је избављење. Тај процеп између, који се проширује у страхотни амбис, онај је ваздушни простор који омогућује скок, и прескок, другу обалу истог, која непостојање враћа изворишном, као принципу постојања, и која поставља питање форме као питање изворног и целовитог у човековој бити и питање непосредности у његовом самоисказивању: *не ūосūоји ваздух / навикао на свој облик (ūек) / између усана: сан, каūедрала / ūорњеви се с ūемељима љубе...* („Ирис, животна средина“, *Заūисник са буђења*).

Новоотворени и новоостварени простор (опет неко ново ми) предуслов је дубине и дистанце која *буђење у језику* транформише у *буђење језика*, почетак поезије. Не више ни простор између, и иза, већ *између и иза* као *ūросūор* („... ту сам те / У једном тренутку угледао“, стоји управо стога у „Писму Лази Костићу“, у *Живој решеūки*, где се, као и у претходној књизи, јавља песма са насловом који је истовремено и поетички став. Он гласи: „Поезија настаје“ и његов смисао покрива управо сам наслов, колико и семантичку противтежу која до крајње консеквенце изводи поетику амбиса / мрље из *Заūисника са буђења*, говорећи о постхумности сваке песме. То *насūајање* разумем као ону пругу из много пута навођене „Разјаснице“ уз песму „The Ship – Брод“. Припадање њему је оно чисто и аутентично поклапање индивидуалног и стваралачког које значи пуноћу по цену сваког *самоūовређивања и īашења*. На неки начин, јасним извођењем граничне линије амбиса, две таме, којима је потребно око што гледа споља и изнутра, осветљује се гашење, улазак у мрљу, излазак из ње, још неразлучене, *постанак, трајање и нестанак* у делићу времена који исказује распршена, још неуобличена реч, затечена у изненађењу страха, вртоглавице, пада, суштине која се обелодањује као срж, непоновљивим паљењем оне окоснице сферичне линије сазнања падом коју негде већ на почетку *Записника са буђења* Карановић назива „стубом који подупире ноћ“.

Цена овог спиритуалног узлета који спознаје ново сваким грифом свога узвинућа она значи *и губљење и освајање*, мада је тај вртоглав пут Карановиће песничке оптике исказан нарацијом смирујућом, наркотичком, стихом необичне једноставности и елеганације, чак и када најављује просев сазнања изазаван самораспрскивањем: *Преврни само лист (...) / У тишини реци: моје месо је проključало, моје тело тоне у мрак / као у сан.* Овај ритам просева и гашења Карановић нимало случајно везује за кичму (*Моја кичма је сноп беле беле светлости / потом мрак*), која заправо представља стуб осветљења, носиоца лутајућег средишта песме што прати измицање и пробијање зидова уз које се приања, а које опет, у своја дубинска сазнања граничних поља искуства њихову оштрину заодева специфичним сензибилитетом, осећањем бола, које је неминовно, и онда када страшна симетрија одељује себе од себе, или себе од света, означавајући на вратницама сваког новог *иза* једну физичку рану проденућа у други свет, једног новог смртоносног салта, под свежу покожицу посуновраћења, где један незнани контролор лета питање *ко сам* поистовећује са питањем *где је*, на свакој од платформи вида, *сама песма.*

Почетак Карановићеве збирке *Стрми призори* доживеће се стога потпуније, уколико су читаоцу познате његове две претходне књиге. Вратнице спиритуалног проласка, које у свакој митопоетској визији означавају теснац, преображење, већ су добоко растворене фигуром која на почетку *Записника са буђења* зидове боји млеком уместо кречом и која лист хартије окреће на другу страну, ближу „прокључалом месу“. Књига *Жива решетка* добиће, прочитана у овоме кључу, значење новог проласка. Освојен дубински простор, тражиће нова учитавања, тек израсла покожица храпавости, самозаштитне јасноће постојања, биће прожета и новом, опозитном чежњом, да „простор у којем смо / Не наки начин отворимо“. Храпава коштица / осама што болно подрхтава у месу свемира, посматрање које нас иза безбројним веловима обмотане не може приближити, дубински немир који је покренуо авантуру потонућа, индивидуалног заокружења, враћа свету од кога је већ одринут – врхунском интонацијом песме „Реакција“ – констатацију / питање и чуђење / резигнацију њених кључних исказа – једног новог и неочекиваног тона болне жудње (*Далеко си свете, далеко / Од мене ...*) али ће уродити новом спознајом, као даровима. Вртоглавица ће тражити умирење и шире, оплемењеније, магнетно поље дрхтања, осетљиво на етеричну спољашњост (ветар, кишу, облаке) окренутост новом виду самопотврђености, невидљивим везама, које реч *најдубљу, друго* и *другост*, прихватају у омекшању, *магленој измаглици*; тражећи спојеве у једном другом плану успостављања веза, у дубини *иза видљивог*.

Врата која су у *Записнику са буђења* претила да постану „сплет тетива и мишића", једну нову истрајност, која везује и заробљује лет, завршетак *Живе решетке* представиће у новој форми, која покретом у дубину свлачи тело, сагорева крв, зауставља срце, сред празног загрљаја чува још само (или боље рећи „само") невидљиво, прозирност која, ипак, још није празнина а чија шара ће дахом на стаклу обојити књигу *Стрми призори. Душо, умиј своје / Разгореле образе снегом...* последња је степеница исклизнућа што окончава збирку, једно од прижељкиваних сазнања и суочења, које ће, међутим, у самом почетку књиге *Стрми призори* донети и нови одраз, траг на последњој подлози, у невидљивом ткању душе, неочекивано питање стрепње / страха отворено уводном песмом „Капија". *Зар никога нема*, стих је који има тежину стуба таме, једнако као и онај *Далеко си свете*. То је заправо песма која сумира искуство пређеног пута, искуство измицања. Најречитије то показује семантика која се крије у лексичкој игри што везује, али и разликује, уводне песме књиге *Записник са буђења* и збирке *Стрми призори*. У *Записнику* уводна песма носи назив „Обасјан заспалим сунцем". Тихост и стрепња уводне песме *Стрмих призора* управо је заснована нестанком „заспалог сунца": *Ни сунчевог заласка / Ту где сам, / Нема*. Ни срца, додали бисмо, ућутканог завршетком *Живе решетке*. Књига започиње иза последњег заласка, иза заласка већ заспалог сунца и срца, и ово кондензовано искуство пређеног пута постаће нова оса симетрије Карановићеве поезије. У првом реду она ће дати онај одговор без кога не може бити ни ретка Карановићеве поезије, одговор на питање *где је песма*.

Она је тамо где је тежиште субјекта који пева, који говори ближећи се ћутању: *И већ иза капије / Срчаног залиска сам*. Залазак је дубок, иза срчаног залиска. Нова ивичност Карановиће поетске перспективе тако постаје заробљена плохом која ју је до сада чувала од навејаности додира, праха, речи, мисли. Маглина света, коју је у удаљавању стекло искуство измицања и метаморфоза речи, сусреће се са једино преосталом маглином даха. Сукоб и размицање оличени амбисом — понорношћу која мами у неистражено — угрожени су недостатком „таме пред лицем бездана"; угроженост се, наиме, уплела у само језгро *подухвата измицања*, уселила се у постељу која не зна за оштрину отклона, у којој је отцепљеност (непостојање додира са спољашношћу) означена једном од кључних песама збирке „Соба": *(...) И ту, у том простору, / Не већем од кружнице / Коју опише страх, / Сам у себи је дрхтао / мој обнажени поглед...* Али то је истовремено и поглед који, како песник додаје у једној другој песми, нема на чему да се заустави.

Карановић остварује редак стваралачки квалитет управо следом својих књига: пројекцију различитих нивоа искуства, које боји новим светлосним зрнима. Тако је боја *Стрмих призора* магличасто раздвајање, не више распрскавање меса за последњи преостали додир са светом, већ расцветавање прстију, за игру *две студени*, шаре мраза и последњег преосталог даха са обе стране међусобно толико удаљених учесника у игри постојања, да их оштрица видокруга више не обухвата. Јасност фокуса се губи управо остваривањем онога од чега се бежало, новом формом приањања (*Заиста, никада нисам себи / био ближи*, „Раздаљина"), претварањем границе у баријеру, њеним материјализовањем (стакло): *Благо зањихан / свет изван мене постоји* („Додир"). Судбина субјекта сопственим измицањем преобраћена у заточеништво (*Ја сам. У простору / И иначе мрачном / И тегобном* ..., стоји у песми „Поређење") и познати простор до чије ивице допире свет, даљина речи, један је посве нови степеник ризичности за простор песме. Карановићево истраживање померљивости, аутентичности и пуноће њеног фокуса, овде се зауставља, пред глухотом маглине, *нерашчитљивости* која настаје одсуством храпаве ивице, трења, односа ја / свет, јасности са обе стране погледа и обе стране свести, за којом лирски субјект ове поезије почиње да жуди, истиснут, својим самоповлачењем, од премоћи и множине исказа *постојања* које поново постаје *спољашњост*, а биће-песма, то једино осветљење на које Карановић рачуна, исписује сада нови пут, пут клатна између себе / непостојања, и света постојања, онај однос (у преокренутој релацији), којим је читава Карановићева поетска пустоловина покренута. Тоњење у „пурпурни облак", неразговетност и ћутњу, тамо где за речи и за свет сада он сам постаје једно *иза*, мрља без јасности и форме, нова је искуственост, која тражи неравнине, не би ли одговорила „љупком погледу непостојања", и *иза*, као свој некадашњи простор, (садашњи недостатак простора, и немогућност делања, замирање) отворила управо на онај начин који ће удаљени свет препознати у себи и вратити га у *смисленост опозиције*, у динамичност оплођујуће конфронтације и садејства.

Без тог субјекта/света као и релације субјект/свет, Карановићев витално/творачки принцип надрастања равнине/непостојања, *вртоглавица*, „вије се на стакленој стабљици", а доживљај, *искуство искуства*, постаје присећање, *искуство исказа* једног света/пејзажа, коме припада као безгласност, боја приањања, оно што је сваки идентитет оставио иза себе, иза свог отпора недефинисаности и равнини. Отуда ћемо по први пут срести Карановићево преиспитивање, ревизију крајњих консеквенци пређеног пута. Јер је збирка *Стрми призори* страшну симетрију преформулисала у нову границу, која изоштреност и пуну меру нове аутентичности искуства поставља пред искушениште тоталне самоће што на рубу бескраја постаје његов део, губећи делатни профил субјекта.

Добро замишљена структура књиге, посебно распоред циклуса („Прилазак“, „Поглед са ивице“, „Отварање“, „Постоље за вртоглавицу“) сугестивно говоре (посебно последња два) о постепеном обликовању новог, реверзибилног полазишта песничког Карановићевог искуства.

Оштрина надгледања условила је, међутим, предубок растанак, амбис је своје оштре ивице изгубио у празнини додира који је то престао бити, и који нови импулс самораспознања субјекта тражи у његовом *опирању себи,* првом омотачу храпавости, који се, у прскању плаве опне („Шљива“), у треперењу страха оне коштице утонуле у месо плода, враћа бескрају са том храпавошћу, оглашавањем постојања, *страхом и творењем* као најавом постојања, надом у „Светло лице другог бога“, потврђујући вишеслојност опни које од резигнације и увређености, осећања безначајности и отпора пред бедемом непромењивих категорија живљења граде нити једног другачијег односа, који се, управо у крајњем повлачењу и гашењу сплиће у нити прозирне, тањушне, једва видљиве коштице/заметка новог трајања. То је одговор безобличности мрље, тамној маси космичког меса, чиљењу влакана тела, јер се замеће у духу, нади и стрепњи, као нова материја („материја“), која своју неуништивост носи у одећи од краткотрајних сенки и повлачи светлосне нити кроз три Карановићеве књиге, повезујући – у свакој од њих на нов начин, и на другачијем нивоу напуштања материјалности и телесности – његове три песме „Поезија настаје“, дајући и смер и одређење и карактер том настајању, и на завршном плану, изводећи одговоре оним питањима стрепње, гашења и губљења, које исказују особито песме „Ритам“ и „Реакција“ (свака као крунска у својој збирци), намењујући их, заредом: тами и празнини ћутње, универзалном и премоћном постојању и упорном творцу, „ономе ко све то разуме“, у кори своје коштице уринуте у свако од тих постојања, зачете под непцем усана и ту залепљене (*Записник са буђења*), пронете кроз вратнице телесности (*Жива решетка*) и проденуте кроз трооклопну честицу једине вечите материје (настанак, трајање, нестајање – до границе последњег даха) кроз три заласка, иза срчаног залиска, негде где је нови преокрет, ка простору иза сваког *иза,* један нови почетак, одговор садржан у *првим и последњим питањима духа* (постојања) и садржан у обичним речима: *Поезија настаје.*

Буђење језика, као могућност настајања поезије, и безусловни услов настајања поезије, Карановић својим стваралачким опитом доводи до крајњих граница издржљивости, до питања може ли поезија то буђење исказати и ћутањем. Одлучан у накани да срж постојања види у менама настајања, трајања и нестајања, распршивања и задобијања нових форми, Карановић књигом *Стрми призори*, која је прихватила теренску свеску призора реалности, *мату створеног* претходне књиге (*Жива решетка*) али и њене невидљиве спојеве ка новом и неистраженом, доводи, последњом инстанцом у одбацивању видљивог и телесног, и пред сасвим нову, етеричну и езотеричну сферу којом одише у овој етапи његовог песничког експеримента његова поезија – изводећи је, наиме, као крајњу опреку призорима реалности, и за тренутак је бар, у извесној мери, осамостаљујући. Пре но што *једност* коју је постигао његов песнички субјект, почне да тражи своју опречност, и да кроз прве опне храпавости, макар и од „месечева капута“ сачињене, стане наново стицати ритам срца – да њиме, као првим видљивим језгром формира и себе и своју другост – ново пространство које у том опозитно разломљеном ентитету ниче и пуца: *(...)Боже, да ли је / То у теби? / Или на то гледаш са стране, / Како то понекад ја чиним? / Када своје срце видим као нар / Са устрепталим коштицама. / Када се опирем себи* („Опирање“). Пре но што постане постоље нове вртоглавости, распона између два нова таласа видљивог и невидљивог, земног и небеског постојања, у ритму губљења и самопроналажења (антологијска песма „Ритам“) Карановић ће у њему наћи простор за квалитет′ оне илуминације који покрива најтајновитији семантички слој његове „Капије“ и који обред преображења, посуновраћења *створеног*, кроз мистичне вратнице метаморфозе, кроз пролазак у потпуну тихост (*Зар никога нема? / Тихо да приступи, / Да ме уведе)* доводи до *белине сржи* што своју *нематеријалност* поставља као противтежу оној сржи живота (*бело бедро стјуардесе / заглављене између два седишта*, у часу сувовраћења, пада, нестајања, песме „Тренутна“, из *Записника са буђења*), као тренут измирења, не више и не даље пад, већ извођење *створеног* пред двери *нествореног*, опет у једном *тренутку*, који овога пута обухвата *нестајање, трајање и постанак* (у односу на *постанак, трајање, и нестанак* претходног поретка збиље), збиљу новог реда, на чијој неухватљивости не само што се задржава осветљење Карановићеве песме, већ *чије* осветљење, прозирна срж и суштина постају трајно *сферично светло песме*, вечност њеног настајања, трајања и постојања, што из Настасијевићевог *немуштог говора душе*, додиром *два творца*, остварује нови распон ћутања и говора, бића и постојања, на чијим ће осцилацијама, између нових литица, бити зањихани песма и свет.

Дах људске душе / Кроз свет титра / Непрекинуто („Завеса“). За свет који се почео догађати „у машти“, и за речи које допиру из велике даљине (резултат поетике измицања), тај дах, скровити заметак, трезор непромењивог и склоњеног, постаје одредница нове тачке преображања: изван света и речи, субјект је напољу, али постоји заклон, тајни заметак што види „вилењака у каменолому“, усковитлани његов песак *Што га ветар разноси / подједнако на све стране* (песма „Трезор“)

и што наговештава, ипак, упорност обриса, настајање, праг којим невидљиво крочи у видљивост, а ћутање се примиче удаљеној, напуштеној речи. Карановић не може напустити сферично светло суштине, буђење у језику, „сан онога који устаје и ишчезава“ из *Записника са буђења*, живот оног невидљивог, „који ти је ову песму посветио“ (*Жива решетка*) ни глас повратника из оностраног предела *Стрмих призора*, јер га је управо последњом збирком трокњижја утврдио као материју кроз коју се формира и исказује поетски свет.

Кроз све три своје збирке Карановић је тако дао одговор на питање где је песма, у исто време и разјасницу своје тезе о њеној „постхумности“. Поезија може, заправо, бити сведок многих замирања, нестанка обриса својих писмена, надгледати физичко нестајање, али она ће увек почивати тамо где је дух, њене невидљиве везе тражиће противречја овога света кроз које ће се поново успостављати њени кругови продевања, понирања и лебдења, њена трска тражиће дрхат меса, свести, али ће иза свих својих *иза* наћи и одговор на питање *ко је онај који пише*. У сенци видљивог његово је име. Или је видљиво његова сенка.

Упорности коју поседује живот, приземности и тврдини његових вечности, Карановић је одговорио на начин који његову поезију (софистицирану – када заводи пријемчивошћу својих слика, животношћу и уверљивошћу метафоре, разговорношћу његове фразе, хуманом топлином којом одише његова зебња) чини управо простором слободе и истраживања крајњих могућности да се та слобода досегне. Не избегавши процепе парадокса који тај опит прате, Карановић је постигао да се и суштинска питања његове поетике не доживе као филозофска, нити религијска, да се она заправо прихвате као *животна оптика* из перспективе духа и стварања, а опет, у исти мах као *начелна и насушна питања* поезије, и као поетски ставови који својим опречностима потврђују своју непреживелост. Карановићеве студије простора које су се претопиле у студију домета индивидуализма и које су резигнацију извеле под призму вртоглавог осамостаљења стваралачког бића које је средишње око оваквог поетског пројекта, понудиле су необичне призоре, омекшане опуштањем и предасима, заустављене новим границама које деле могуће и немогуће. Ритам рада оне светлосне кичме, језгра његове песме, која наизменце обасјава ове продоре и застајања, паљење и гашење светлости, у целини његовог пројекта доведен је до осе која поставља, уза сав блејковски увид са обе стране животних могућности, и онај вид страшне симетрије која дели постојање од непостајања, говор и ћутање, празнину од свеопштег смисла, који, ипак, у свој својој поновљивости, мора издржати нови испит форме.

Тако је Карановић, непрекидно успостављајући дослух са менама свог пређеног искуства саопштеног досадашњим трокњижјем (*Тастатуру* у овом контексту изузимамо) својим збиркама рекапитулирао, са савременом обојеношћу свог сензибитета и смелости, и она питања којима се од Рембоовог „Одласка" (*Доста виђеног. (...) Доста иманог. (...) Доста спознатог. Прекретнице живота. – О Жагори и Визије! / Одлазак у ново чувство и у нов шум!*) и замаха отпора свакој тиранији конвенције, долази и до питања опстајања песничке речи над рубом ћутања, у ћутању самом, па до Блејковог пројекта индивидуе која себе тражи као доживљај (обнављајући драматику противречности којима се, новим митопоетским равнима укрштања, одговара неукинутим опрекама и напрегнутостима што бивају одраз микрокосмичких и макрокосмичких динамичних спрегова) пристижући, разуме се, до савременог преиспитивања форме, неминовно разложеног до ивичних граница и враћеног почетној станици авантуре духа, честици духа самог.

Карановић ту авантуру остварује одважно, самосвојним рукописом, замењујући постмодернистичку цитатност *дијалогом* са песницима који имају шта да му кажу, додајући ветар у његова једра, користећи се неретко и различитим облицима мимикрије, који песнички субјект надаље осамостаљују и омогућују му још разуђенија истраживања на граници равни која и песничку прагму испитује као начин да се човеково искуство одупре бедемној устаљености конвенције и усклади са превагом коју имају, ако не други увиди, онда безмерје и тешко освојива превласт неосетљивости света. Осећање рањености, осећање недовољне испуњености, недовољне моћи, реченице наоко „стабилне и мирне", једна нова, чудна ошамућеност, згушњавање је платформе на којој поезија, истрајношћу „другог творца" опстаје.

КОСМИЧКИ ПОЉУБАЦ

Одрази варке, или огледало у две душе Ненада Шапоње

Када на самом почетку своје поеме *Одрази варке* Ненад Шапоња (1964) каже: *Једно другом послужујемо стварност* – то може за тренутак да зазвучи као једно од многих песничких отварања. Но след се неочекивано брзо преокреће и разлаже: двојина из уводног стиха („Једно другом...") убрзо се испољава као двојство једног јединог гласа, а стварност се, „свака за себе" исказује као „свет који препознати нећемо". Ово међусобно даривање, дакле, наликује слепим потезима у игри шаха, који се мимоилазе, не препознају, чак и не сударају; који не посредују (јер ни не поседују) заједнички смисао, те и онај појединачни остаје немогућ, будући да је уперен у простор који га неће препознати.

Па ипак, тишина је у Шапоњиним поетском свету само прва варка, оцаклина, испод које почињу раслојавања – додиривање немогућег, истраживање непостојећег.

Песнички субјект у Шапоњиној књизи не само што није уобличен у класичном смислу, он не постоји – *постоји глас* који пита о себи и другом, знајући да је постојање одређено тражењем једног у другом; говор је пак доведен у сумњу јер „Разговори наши не дотичу се сопственог талога", а речи су прекривене „световима безначаја", „таласима бесмисленог". Он је, дакле, сачувана конвенција у којој је предмет инвентар, а ишчезавање везива и смисла уздизање је порука на одсуствовању посредованих значења, трансформисање је поруке у поругу. Говор је исказ о негацији свога смисла, утонулог у дубине пукотина у којима је већ нестао свет. Он се у овој поеми растакања и сам осипа, и преображен у свеопшту претрагу, знак чуђења, страха и туге, бива преформулисан: не доносећи значења, он за собом оставља знакове питања.

Нема другог јер је нејасно и прво. Овај исказ Ненада Шапоње кључна је шифра из које се паралелно рашчитава варљивост исказа, скептичан налаз заметнутог и заборављеног, најчешће смештен у самом дну песникових антитеза и антонима, будући да их је *стварност неgације и поништења* увела у реалност новог реда, у разраслу поруку чија смо сенка. Валеријева смртна сестра, варка, разбокорена је у поезији Ненада Шапоње у варку као средишње стабло живота. *Преписујемо, пописујемо и потписујемо порозно*, вели песник. Назови-свет, речима у наводницима.

Шапоња са изузетном осетљивошћу региструје нестајање спона субјекта и света, ишчезавање могућности стварања себе у другом и другог у себи, те и измицање простора, времена, односа између свега и једног (претапања у „свеједно", како стоји у стиховима, као метафорички логограм који нас наткриљује или на којем таворимо), он види као нарастање измаглице, поравнања између заборава и неизвесности, прошлости и будућности. А у простору апсолутне владавине варки, за њега је простор некреативности, не-живљења, и напокон, простор смрти.

У овој песничкој књизи могуће је стога време које је „завршено нашим рођењем" и „географију која нас не препознаје" видети и као одразе поништења у које је утонуо наш свет, читати их као дубинску опсервацију овдашњег, као што је могуће читати их и у слободном опходу мисли која зна да „опонашање целовитости" не замењује досезање потпуности, додиривање бескраја који нас оставља, не препознавајући у нама своју саучесничку тачку. За Шапоњу је крст који носи садашњост (не-време његове песме) истесан у необичној игри речи: *Укрштамо се и распињемо једно / на другом и друго на једном* – означавајући у тој *свеједној* равни нови вид човекове драме, где је ишчезавање суштине (па и другости, њене опонентне близаначке половине) само овлаш заустављено у крхкости говора две супротстављености истог гласа у коме је сачувана само гола супротстављеност, сучељеност двојства.

У нестајању рубова света који одашиљу знаке о свом талогу, о својој суштини, нестаје и могућност одблескивања („нема граница са којима бисмо се огледали"), нестаје могућност спознавања путем огледала. Она „везивна ткива природе" и света, за која Миодраг Павловић вели да „понекад изгледају као лепо поређане бразде празнине", а у којима се „скрива нешто што је више или мање од мисли, законитост по којој појаве искачу на општу површину, разложност због које се једно делање надовезује на друго, смерови који изгледају разливени, али пролазе кроз нас и сливају се са нашим хтењима у нешто што је могућност смисла" (*Небо у пећини*, 1993) – та драгоцена твар која повезује да би истицала разлике и која разликује да би успостављала смислове и законе, у Шапоњиној верзији света јесте *изгубљено* везивно ткиво, растањених или неприбирљивих нити, иза којих остаје успомена о суштини – сушта празнина.

Али, „све је ствар убеђења", како би приметио Миодраг Павловић (а барда – када је у питању Шапоњина поема, њен карактер, облик и мотивско усмерење – не наводимо случајно), и мада, додаје он, „наша убеђења углавном не зависе од нас, ми смо једино власни да их појачамо или ослабимо". Шапоњин Когито не исказује уверења, већ суморну визију, која поoштрава скепсу, али у исто време активира основно песничко осећање рефлексивности и сете, жудњу за надом пре неголи наду, резигнацију иза које стоје „зидови / наших разбијених глава и огледала / несталих душа"; или су пак, та рефлексивност и чежња инспирисане сећањем на постојаност оних тачака које одашиљу стварне одблеске, а не одразе варки. Само два огледала, која једно наспрам другог рефлектују своје светлости, могу за њега бити докази постојања, оне тајанствености космичких судара иза којих је могуће наслутити стваралачки удар: *Сребримо табане, златимо мисли невидице, / истежемо ткива завирујући у тишину, / у очекивани пољубац космичког билијара.*

У притајености медитативних и скептичних преплитања, управо у том „истезању ткива", дâ се наслутити алтернатива судбинама које су „празнину премрежиле речима". Космички пољубац тражи два судеоника, два постојања, а у речима, „шатрама нагодби", могу бити и неисказани путеви самоосветљења, нада која ће потрајати бар до очајања, потврда да, бар у универзуму речи, света нема без онога који га казује. Тако разнострана поетска преиспитивања Ненада Шапоње јесу стратегија уперена против расточења бића, она су *игра избављења* која не почива на немогућој свеобухватности одговора, већ на неисцрпном броју аспеката и могућности да се постави питање – као доказ да постоји онај који пита, али и свет као „чудесна околност наших мисли“. Иако постојећи говор јесте порука / поруга, постоји могућност да се и као такав доведе у питање, јер даље од њега сеже моћ духа да пита и да се гласи песмом очаја и наде.

Књига *Одрази варке* јесте посебан прилог и дар нашем савременом поетском стварању, који тражи читаоца саучесника у разумевању и дограђњи интелектуалне и сензибилне игре, исткане око најбитнијих и најдраматичнијих питања постојања, песничког и људског самоосећања, и, дакако, стварања.

ПОСТОЈАЊЕ ДРУГОГ

Елегијски савети Јулији Марије Кнежевић

„Људи поседују две приридне тежње, које их никада не напуштају. Једна је да што је могуће боље упознају ствари, а друга да их саопште другима што је могуће боље.“ Овим цитатом из Кратког приручника из Реторике анонимног аутора из 1674, који наводи на једном месту Кибеди Варга, може се отворити широка тема предмета реторике, али и њених савремених перспектива које је уводе у поетику, чине је потком структуре књижевног говора, његовог наглашеног стваралачког, активног принципа и његове естетичке вредносне структуре која је израз поетског/књижевног бића.

Марија Кнежевић (1963) са две своје објављене књиге током исте године (друга, *Савети за личну употребу,* изашла је у издању Просвете, 1994) појавила се као аутор са два различито обликована поетска гласа што ме охрабрује у уверењу о промишљеном ставу ауторке везаном за свест о различитим облицима и функцијама песничког говора. У *Елегијским саветима за Јулију* позорност привлачи управо реторичка интенција, која *језичко умеће* и *рад у језику* доводи у посебан међусобни однос, опозивајући истовремено и непосредност у исказивању поруке која би се подвела под кôд лирског доживљаја и његове експресије, као и књижевну рецепцију која би модел овог говора ишчитала искључиво у чистој транспаренцији његове референцијалности.

У *Елегијским саветима Јулији* песникиња се определила за говор (чак и лепезасту раствореност његових варијетета у следу циклуса књиге) који означава удаљавање од личног, типичног лирског нараторског Ја, и то приповедном лицу омугућује да оствари различите модалитете и степене стриктно поетског самоисказивања – при чему одсуство песничке приватности бива замењено фактором језичке акције. Тим издвајањем језичког делања, као субјекта поезије, начињен је у лепом и високом стилу, посебно у уводном делу књиге, основни *ис-*

корак у виртуелност новог поетског говора, истовремено искорак из владајуће климе поетских конвенција. Врлина колико у њему самом, толико и у увек катарзичној свести о могућности да се поезија креира активирењем *новог аспекта* језичког делања – иницирања и остварења једног од многих говорних процеса.

Реторичка функција коју Марија Кнежевић доводи у најближу везу са поетском, на неки начин указује на безусловност њихове везе. Реторика чини не само основу говора, она је стваралачки принцип par excellence. Почивајући на организовању говора (није занемарљив поетски повик из њеног „Опроштајног писма Мајстору": ЈА САМ ВАМ, МЕШТРЕ, ГОМИЛА РЕЧИ!") она је лишена своје унапред фиксиране дате, заправо је у ономе што тек треба остварити говором, у истини коју треба *освајати*, као реалност коју твори језик и као језик који самоме себи ствара објекат, што је већ поступак који максимално ослобађа поетску функцију језика – отварајући је за властиту трансмисију, али и као увод и потврду „своје" истине, која се на овај начин раздружује од конвенционалне, стварајући ону осаму коју „нико није створио", око које се шири „зараза неприпадања", али која се до краја осварује потврдом заокружене самоће сваког облика поетског казивања Марије Кнежевић тек кад је ослоњен на потенцијалног слушаоца, и свој пуни смисао остварује у измаштаном или очекиваном постојању другог.

Тако овом поезијом пулсира акција високог естетичког циља, чија област делања, његова „материја" а уз то и његов медијум јесу специфичне, нематеријалне природе: „Веруј само ономе што није било" каже један стих књиге. Она постиже удаљавање од установљених кодова, али јој је стало до говора као *комуникације*, односа између пошиљаоца и примаоца, учитеља и ученика, односа који мења побуде, доб и пол својих учесника, непосредне улоге казивача и оних којима је казивање упућено, тиме и контекст, па и значење поетског текста од циклуса до циклуса књиге.

Отискујући се од уобичајених референцијалних значења, овај модел говора види их као удаљене и замењује их новим, суптилнијим и теже приметним („Размишљам живот") акцентовањем других, којима тежи, а које реалност уходаних порука замагљује, док се унутар затворености свог система он остварује као *вредност по себи*, вредност самог поретка можда више неголи непосредне поруке. Аутору ове књиге је и поред тога битна веза између онога ко говори и онога што је речено, референцијалност се не брише у потпуности, али се доводи у строгу везу са микросистемом говора и његовим заговорником (разлучују се, на пример, целине „О ономе који казује" и „Савети Јулији" – оно што је казано) а смисао модела говора се налази у дубинском разумевању, потврђеној комуникацији нове мотивацијске линије одашиљања порука, њеном прочишћењу започетом чином језичког одвајања, другачије језичке усмерености, у чему је, у основи, и њено другачије покриће – сензибилитет и оптика пошиљаоца.

Испреплетани у усталасалој, неидентичној мрежи својих мотивација, гласови из различитих циклуса и поетских целина збирке исказују ауторски наум за освајањем комуникације, у рашчитавању не само порука ових сегмената, већ и целине усаглашене *читаочевом рецепцијом*. Покушај *освајања*, наиме, који се не исцрпљује до краја на плану сваког парцијалног дела књиге, биће остварен уколико постоји синхронизованост рецептивних чула што усаглашују нивое и усмерености читавог система порука надвладаних видљивим, оформљеним мрежом говорậ, убедљивим у својој поетској истини, у примаочевом сазнању да је у средишту свих интонацијских неравнотежа могућа естетичка и духовна хармонија, која почива на оствареном комуникацијском мосту између „самозадате чежње" (чежње говора) и – разумевања – као „највеће лепоте"; између искупљења чистотом самообгрљеног знака, са једне стране, и пристанком на његово чудо са друге.

И као наум, и као поредак отискивања од поетских стандарда, књига Марије Кнежевић нуди занимљив, редак и продуктиван спрег стваралачке провокативности и естетичког склада.

НОВО БАЈКОТВОРЈЕ

Сновидна вода Ане Ристовић

Ући у поетски свет Ане Ристовић (1974) исто је што и искусити ону зачараност која вам допушта да дотакнете језгро стаклене паучине или светлосне кошнице, не повредивши га. Она има своју отпорност и своју неухватљивост истовремено. Своје две природе стопљене у једно. Та двозначност, која од почетка до краја прати прву збирку Ане Ристовић, одлика је која у првом реду говори о култивисаном осећању уважавања двојне природе света, која се одблескује споља и изнутра, у својој голој неумитности колико и у треперењу њених закона у најсветлијим и најосетљивијим зонама, у нама самима, бележећи, негде, у посвећеним просторима човекових будних снова, пупут светлописа, сведочанство своје потпуности. Та једноставност, изграђена од дуплекс-стакла, кроз коју се види светлост и сенка, чини драгоцену шару чији је други запис исто толико важан колико и први (чак и када се искаже као сенка светлости и рескија страна нежности), будући да им је заједничка карика праг опажаја и осетљивости, *праг чаробњаштва*, који омогућује проходност из једне у другу половину истог, подједнако важну са становишта истинољубивости колико и танкоћутности – у поимању и осећању света – онако, дакле, како је дато истовремено и наискап самој Поезији.

Негде између стакла и леда, отуђеног окриља постојања и удаљене и вечне божанске ћутње, Ана Ристовић налази свој *сушти свет*, који од удвојености огледала тражи више од тачног одраза, тражи да се преформулише, као што у глади за тананим даровима промене, од снова очекује истинитост, а од стварности ново бајкотворје.

Појавност која се мења колико и властита интима захтева сасвим особена огледала, огледала која теку, саму светлост која растапа лед и стаменост оцаклине, у растопљеној честици налази нове двозначности, *обојену свешлосш, језик воде* – плодни извор знакова. Између ока које гледа у пучину и онога које гледа у нас (песма „Узмите собу начињену од огледала“) почиње дубље раслојавање књиге, разлиставање сопствене сенке, прибирање знакова света – свега „случајног, као расуто зрневље“.

Путовање по води, и блату, у ципелицама отпорним на преобиље малих појединачних смрти, чији је језик трајност игрописа, а бесмртност равна правој смрти (јер је „имуна на светлост“), расте једини бог овог зачараног света – *провидно, месечином и сребром пошкропљено / сшаклено звонце*. Препуњено капљицама са врха и са дна, између широм раскриљених ивица тананости и тврдине, у чији је простор проденуто неколико најзрелијих остварења збирке, пуних мукле неутралности и обезазлењене гротеске (О огледалу које виси на зиду месаре, О путничком аутобусу заустављеном крај поља – огледала дакле и таква могу бити), тај мали бог светле тишине, осетљив на цвет прашине колико и на отпорност кристала, помаља се у завршном делу књиге под пуном одеждом светлосних знакова и у свој својој величанственој прозирности.

Мистични песникињин цветић, као *једини разлоґ / већ древноґ силажења и усшињања* везује се тако за „сваки брег ходочашћа пошкропљен траговима“, те се казаљка и плоча бројчаника у овој књизи срећу, један тајанствени прст указује на само средиште ствари, иако је оно померљиво и невидљиво, и тражи „цртеж у ваздуху“, „периферију срца“ и „нови угао видокруга“. Ана Ристовић га у аутопоетичкој бриљантној завршници књиге налази као *ошмени сшалакшиш*, близу неба и земље, блата и светлине, у прозирности кристалног срца које изражава свеукупну несталност два света (маште и збиље) и, изражавајући је, изражава себе, своју изворност, непресушност и свеобухватност.

Поезија Ане Ристовић плод је стрпљења и чежње у исти мах, промишљања и игре. Обраћајући се (у песми „ Упутство за употребу“) „сладокусцу са оком од микроскопа“ – што може бити творац дела колико и уживалац у њему – она поезију означује као *оданосш*. Само у оданости остаје довољно простора за наду. Само у том трајном замаху светлине и тишине речи може се ублажити измицање суштине, „патвореност и порозност“ заустављеног мига и тока судбине, мука недостатности израза који треба да одговори новом углу видокруга.

Прва књига Ане Ристовић том изазову одговара са свежином ствараоца који свет преиспитује градећи га изнова у озбиљности поетске чаролије.

ФИЛИГРАНСКА ЗАГОНЕТКА

Херувимске тајне Саше Јеленковића

Дневник тонућа који је Саша Јеленковић (1964) започео збирком *Оно што остаје,* реским чином одвајања од простора темпоралности, који је истовремено својеврсни заклон и одустајање, добровољни чин колико и изгон – те отуда и горчина и меланхолија основног поетског тона – линију његовог певања учинио је необично вибрантном, већ и због тога што јој је доделио уски гранични простор, и даље подложан међусобном потирању *досуђеног* и *случајног*, нежељеног и вољног, судбине и геста, који, продевен у последњу видљиву линију њиховог додира и искључења, поетску реч ослобађа такође на једној танкој линији: граници њеног ишчезавања. Тамо где она својим неоткривеним простором, ослоњена на празнину, испод новог поглавља „каталога крхотина“ и трагова урушености, још не зна може ли пронаћи свој други живот. Игра искушавања нових и нових граница замирања, на *силазним* степеницама обележеним епитафним, неопозивим знаком удаљавања од једне стварности, и откривања танано изрезбареног, једва видљивог знаковља постојања тамо где свет говори својом одсутношћу, већ су у претходној Јеленковићевој збирци оставили јасне трагове поетике која у *постхумности песме* (како родоначелно, у оквиру ове струје у млађој српској поезији, вели Војислав Карановић) настоји да укине сваки вид поетске конвенције и да је дубински преобликује у саму суштину индивидуалног песничког осећања новог рођења у језику, у доменима неистраженог, где се изнад праха сваког урушења, склапају крила празнине, понад *ограничења* речи. Она, реч, остаје онтолошка потврда, оглашење новине, искључивања „досуђеног“ као истрошеног, као домена небића, тамо где се може дотаћи исцелитељска потпуност блиска свету тишине, светлости, светог.

Епитаф-реч је тако у исто време покров свих нивоа растројства и умирења („прах победе над собом“) али и простор-зрак довољан за крајњу истину о преживелости (*дишем: то је једина истина о мени,* „Црвено млеко јаве“, *Оно што остаје*). Реч довољна за истраживање овог простора, који као *крајњи* постаје и *полазни*, почетни, успоставила је већ претходном збирком Саше Јеленковића, језичко и мисаоно ткање осетљиве рефлексивности, осцилација што испод стиха *сва су степеништа моја*, крију оквирне одреднице лавиринта којима је аутор у новој књизи дао назив *Херувимске тајне*.

Ту где је „каталог крхотина" прерастао у „хронику прашине", безвременост унутарњег таласања носи и даље обележје Јеленковићеве одгурнуте али не и избрисане тензије између постојања и сећања, између „негде и нигде", на рубу „хладоће и завере", „истрошеног и недовољног", у теснацу што на самом обрубу песме, у самопосматрачкој фиксираности, преноси своје наслеђе: двоструки удес патње смрти, од којих је само унутарња покретна, измењива, понируђа, док је спољашња трајна, готово занемарена али транспарентно присутна, и, неотклоњива. Између срмених опни разуђених *облика смрти*, тананих нити мреже безнађа и сете, филигранска је загонетка, она што одржава светлосни проход који спаја „небо с прашином на друму". Унутарња тензија и мистика Јеленковићеве поезије садржана је у том узаном пролазу, где је присутна само *срж* онога што у својим овојницама ишчезава, а која истовремено може бити и срж онога што траје, *прочишћена*, дакле и *преображена* празнина, која надраста *заточеништво описа*, те у њој све изнова постоји, па и рађање – „отпор језика", што из заташканости *умећа безгласних таласања* изналази *умеће говора*, лозинку, *глас који није* постојао пре.

Али управо на том танком рубу који не признаје дефинитивност смрти (реч *хроника*, или *каталог* праха и крхотина, стога су, више него прикладне, заправо тачне) не признаје се ни дефинитивност спасења. Простор, ваздух, поезија Саше Јеленковића проналази у доменима гибања, преливања, у подручјима тајних, али најузвишенијих знања. Узвишених стога што су најближа тајанству, божанском изворишту новог (*Глас који чујем / није слушао нико пре мене*) али ништа мање и стога што су окушали тежину *пада*, увек једно ново дно, испод разине постојања *где су знаци света краткотрајни*, без кога нема ни мистерије прочишћења и узвинућа, *узлазних степеница*, односно, усправних нити ваздушног ткања које означује процес, трајну креативну потку бивања.

Поетска реч Саше Јеленковића разрешење положаја поетског субјекта, *ничијег сапутника*, види стога управо у *померљивој поенти*, у „пребеглиштву Херувима" који у бојама живота и смрти „гаси своју жеђ", тражећи невидљиве границе успостављања облика, преобраћајући заточеништво у слободу и размењујући оклопе окушаног за безоквирни лет.

Показујући изванредну меру истрајности у сачињавању „антологије одустајања", Јеленковић заправо упорно тражи и ослушкује, као иманентно своју, „реч што дрхти, / пред поентом. Као песма уминулога.“ Њоме он премрежује простор угаснућа, тка своје несанице и будности, меланхолије и побуне, урезује нови траг на хоризонтима сазнања оствареног у домену језика, најчистијим поетским средством, кроз тајне језика. Питање језичке игре и неизвесности његовог дрхтаја постаје питање које поетску форму, исклизлу из наручја тишине, прапочетка, поставља као питање саме суштине. Деликатност песничког поступка у књизи *Оно што остаје* то је показала згушњавањем неримованих језичких целина у унутарњу закономерност прочишћених семантичких језгара, особито у терцинама „привидног“ сонета. Лутајуће пак средиште његових песама без наслова, у збирци *Херувимске тајне*, у следу који их приближује поеми, са могућношћу да се увек изнова акцентује ново *видно поље* у различитим позицијама унутар песме, или књиге у целини, на различитим семантичким нивоима потврђује ову авантуру поетског избеглиштва преко „досуђених“ оквира као самосвојно филигранство дрхтаја, које само̂ поетско биће поново везује за прочишћеност новопронађене пуноће, блиске тишини дисања и еманирања значења скривене дубине онога што остаје.

Уравнотеженост своје нове књиге Саша Јеленковић дугује управо своме слуху, поверењу у ритам који условљава промену видног поља његових мисаоних поенти, сегмената који одишу пречишћеном семантиком, талогом својих порука, најсличније тишини. Тек у ретким тренуцима његов сигурно успостављени дискурс мења овај ритам и губи дах, у неколиким песмама које припремају промену видокруга и исказују је одвише декларативно и програмски, за песника Јеленковићеве рафинираности (на пример стихови: *Истрајаћу исписујући хронику прашине (...); Доста је и тишине, ипак (...);* или: *Ишчупао сам тишину из темеља и / превазишао фрагменте*). Тон сливености, иза кога се увек у новом крилу уминућа крије поента, ипак остаје непомућен, као својеврсно мајсторство складања не само појединачних стихова, поетских синтагми, већ и као поступан вид превазилажења сваке песме, као одређене и омеђене поетске ситуације, и као својеврсни, аутентично потврђени пут остварења песниковог *сна о изласку*.

Јеленковић је песник чији дубински експеримент, суптилно и промишљено заклоњен од еклатантне бизарности и произвољности, тихим вибрирањима, мером и деликатношћу, али рефлексивном слојевитошћу, са једне стране наводи на преиспитивање веза и могућих континуитета у традицији дубоког осмишљења и осећања *тајне језике*, на рубу ћутања (Настасијевић), колико и искушавања граница самог отпора конвенцији, бирајући скок у друге просторе и оплођујући их кроз неочекивано сједињење нових перспектива (Милутин Петровић), али, у исти мах, он видно обогаћује поље опробавања пројекта поетске тишине у генерацији млађих песника, где постмодерно заснивање речи / света и склапање тишине на рубовима последњих крхотина видљивог и искуственог подстиче енергију крајњег и стога напрегнутог, прегнантног суочења са граничним пољем које празнину претвара у креативну моторику. Динамично, флексибилно схватање форме, која твори језгро промене у књигама Саше Јеленковића, као и лексика која енигматски окреће своју функционалност од „лозинке“, кључа тајне на путу кроз појавност што ишчезава, до мистичне потке новог песничког бића, установљеног „посматрањем непостојећег“, у меланхоличном обрису *ничијег* сапутништва и титраја који меланхолији улива нова двозначност и поетска иронија појма *уминулости* (самоотпадништва одбачених, заборава заборављених, прегнућа узалудних, али и новорођених, придошлих из прегорелости ране и обраслости тишином) – у богатој спрези семантике и форме, осећајности и промишљања, Саши Јеленковићу, у поезији млађих генерација обезбеђују сасвим особено место. Књига *Херувимске тајне* његова је зрела потврда.

ПУТНИЦИ ВЕЧНОСТИ

Остаци нестварног живота Мацуа Башоа

Најмању лирску песму на свету, прихватајући је из јапанске класичне дуже форме, и усавршивши је до непревазиђених размера, Мацуо Башо (1644–1694) је претворио у суштину свог живота, посвећујући се хаику поезији још у раној младости, написавши, како веле, близу две хиљаде ових малих ремек-дела, претворивши и свој последњи дах у хаику-уздах снова што лебде над „свенулим пољем“. Немогуће је читати, слушати, разумети хаику, а не осећати у тој крхкој творевини сву потпуност коју јој је удахнуо Башо. Троиповековни храст – који је корен уронио дубоко у целокупно поимање традиционалне јапанске културе, што филозофију живљења спаја са естетичким доживљајем а естетичком контемплацијом исказује јединственост и непоновљивост усамљеничког постојања свега на свету, откривајући му смисао у западној култури непознатој и недосегнутој целини свеопштег космичког прожимања и склада – сваким својим незаборављеним остварењем одражава филозофску и религијску мисао из које је поникао, али и своју властиту, незамењиву особеност. Оно, наиме, што га уједно чини и тумачем и учитељем, који и данас има небројене следбенике, због чега се свака реч посвећена овом песнику мора изрећи као „реч оданости великом Башоу“, како је то својевремено (у предговору књиге *Ветар са Фуџијаме*, 1990) учинио један од заљубљеника у његово дело, преводилац Петар Вујичић.

Песник, путописац, у исто време и писац огледа и записа о поезији, Башо није ове жанрове својим делом објединио случајно. Непрекидно тежећи ономе што је називао *поетском истином*, Башо је њену кристализацију налазио управо у жанру хаикуа, у њеној очевидности, животној незамењивости и пролазности, али и префињености и неухватљивости њених универзалних и вечних закона који почивају иза истине природних феномена. Уметност хаикуа је стога отелотворење првог и основног привидног парадокса: она представља приступ обичном живљењу, до кога је Башоу било нарочито стало, али истовремено је и најсуптилнији наговештај стварности сркивене иза онога што непосредна реалност казује. „Тамо где постоји оно што се види и чује", каже Башо, „постоји хоку." Али, истовремено, постоји и скривено срце свих ствари, које се не може осетити ни наслутити без јединства са њима, без склада са природом. Као што је знаменити сликар Хокусаи одредио свој идеал, „да свака тачка и цртица коју нацрта буду прожете животом", ту прожетост Башоов хаику остварује начелом „научи од бора да будеш бор", колико и оним другојачијим принципом, који је, као распршеност животне истине у њен *невидљиви владајући принцип* формулисао Црњански, као чежњу путника хаиџина *загледаних у видик*. У том другом виду, *хоризонту* истине, лежи испуњеност сазнања доживљајем, колико и у оном мањем, несавршенијем и фрагментарнијем, те се у том истовременом одсијавању *слике и муњевите спознаје*, песничке *емпатије и интуитивног разумевања* тајанствено присутне и несагледиве универзалне суштине, рефлектујући естетичку транспозицију древних принципа будизма и зена, темељи и Башоова заслуга – управо како је исказао Црњански – што је малу комичну песму хаикаи преобразио у „свети, мистични, болни уздах над светом".

Згуснутост и распршеност слике и атмосфере Башоовог хаикуа одраз је видљивог и невидљивог поретка универзума, склопљеног и затвореног у структуру хаикаи облика, која се, говором његових носилаца, и емотивном снагом кондензованом у његова три ретка, чак и без видљивог песничког субјекта, претапа у јединство, у *доживљај чија је непосредност извор његове форме*. Естетичка контемплација, чије назнаке преносе и један даљи и дубљи одјек у свом значењу и смислу, *бира хаику за своју форму*. Стога он није резултат вештине у сачињавању стихова, и како би Башо рекао, њега и не треба састављати. Оно од чега настаје хаику, вели Башо, налик је плочи од кованог злата. Он је целина, јер је његов доживљај естетичке истине у јединству, у остварењу човекове целине, колико и у осећању припадности свега несавршеног и пролазног свеопштој, вечној целини универзума, споју и складу који човек осећа најнепосредније у приближавању природи, у настојању да пронађе своје право биће, што хаиџина чини заправо животним трагаоцем за тренутком просветљења. Такав тренутак је хаику песма. И зато је песник вечити путник. Висока етика Башоовог стварања налаже да уметност буде, у духу зена, чињеница живота, а песничка искреност, јединство живота, уметности и моралног става. Песник који је предузимао дуга путовања, не би ли сагледао „непромењиву истину у пролазном облику“, а кроз њу и себе самог, одиста је имао истинско покриће за хаику који гласи: *Фијуче ветар. / Моје песме схватићете тек када / заноћите у пољу.*

Хаику сам по себи представља „непромењиву истину у промењивом облику“. Потребна је дуга транспозиција, како је рекла Исидора Секулић, за „узраст и витост онога што ће да буде уметност“. Упоредила га је са животом воденог цвета, „кишом умирућих крила“. А опет, тај дах слогова, тако брзо окончан, врати се и одблесне ка свом почетку, преобраћајући *краткотрајности исказа у вечности истине.* И то је резултат непромењивости неких његових захтева, између осталих, да доживљај буде непосредан, онакав какав јесте, без описа и коментара (по Башоу би такав опис био као „шести прст на руци“). Он се одблескује у тренутачности свог именовања речима, он се рађа у њиховој малобројности као настанак непоновљиве аутентичности рађања и пролажења, али одјекује у слушаоцу или читаоцу као безвремен, као преносилац *древне* и *новопронађене* истине у исти мах, самоће предмета, али и њихове огољене истине, уринуте у истинитост вечног постојања. Да Башо није написао ниједан други хаику изузев оног о гаврану на голој грани у јесење вече, управо би тај остао трајни образац уметности коју је прославио. *Гавран, гране* и *вече*: самотност призора, иза које стоји самотност уопште, Песникова самоћа, најзад, која репрезентује и Башоов овде прикривени, али постојећи поетички принцип *саби,* туге усамљеништва. Једно вече, време које заувек нестаје, у раму јесени, времена које ће се обновити, својом тамном тежином срасло је са непознатим временом које нема оквир – са тамом свемира. Разумљиво је што овим хаикуом започиње избор у књижици *Остаци нестварног живота.* Као што је разумљиво што ће у 37 наредних, у блиставом низу, сачувати *киго* (временску одредницу, без које би, кажу теоретичари хаикуа, ова песма била афористички исказ, лишен своје филозофске и религијске дубине). Јер, *Дани у месецу су путници вечности. Исто тако и године које промичу* – каже Башо у свом најчувенијем путопису ванредне поетске лепоте *Уска стаза у забрђе* (објављеном у нас 1994, у преводу Дејана Разића), истичући и сам овај „дах непромењивости“ као свој песнички пут.

Типично за хаику, без ексламација, бурних осећања и снажних израза, овај избор ће ипак понудити ширину од рађања до угаснућа, од гласања живота до потпуне тишине. Довољно је упоредити два већ чувена остварења: *Стари рибњак. / Ускочила је жаба: / пљусак воде,* и онај исто толико познат, чијем превођењу нису одолели најзначајнији светски песници, попут Октавија Паза, Доналда Кина, Ренеа Сајферта и других: *Каква тишина! / У стене се упија / зука цврчака.* Од најопипљивијих феномена до слутње невидљивог расте неслућени потенцијал кристализоване снаге песме од три ретка: *А сад хајдемо, / да диван гледамо снег / док не паднемо.* Или: *Тамо ђе неста / ошшар глас кукавице – / неко дрво –* оваплоћујући сазнање које је изван и иза видљивог и сазнајног, у непосредности и обухватности интуитивног, суштини која, у духу зена, може бити изван разумевања, али није и изван могућности доживљаја. Стварност тог доживљаја основно је, неухватљиво ткање хаикуа. *Сшварносш несшварног,* која је и дала наслов књижици о којој је реч. Чуду и свечаности живљења посвећен је сваки редак и сваки слог хаику песме, био он евокација звука или тишине, чудесности или обичности постојања: *Ти наложи вашру. / Видећеш нешшо лепо – / лопшу од снега,* каже један Башоов хаику, да би на другом месту то чудо било знатно ублажение, одиста уткано у сваку влат дневне светлости и зеленила, а опет одисало блаженством: *Ох, божансшвено! / Зелено младо лишће / у сјају сунца.*

Башоова естетика, заснована на приступу обичном живљењу, комплексна је и потпуна, јер космичко јединство одражава у наоко ситним предметима простог, свима видљивог и достижног постојања, али, у исто време, читав космос таме и светлости, узвишеног и једноставног исказује у једном микропростору, претварајући уметност у *израз целог човека.* Отуда ће књижица *Осшаци несшварног живоша* понудити најразноврсније одблеске човекове природе и збивања унутар његовог света – са тихим разумевањем не само чудесног, већ и комичног и тривијалног, што је заправо она сенка која прати или истиче нужност, озбиљност и битност, доцртавајући њену потпуност.

Башоови поетски путописи, његов најзрелији хаибун *Уска сшаза у забрђе* понајпре, проткани су и овим, комплементарним одсевом постојања: *Буве и ваши. / И коњ се још помокри / крај мог узглавља.* Или: *Свеж јесењи вешар / , да рукама ољушшимо / красшавце и јабуке за скромну вечеру.* Збирка *Осшаци несшварног живоша* надградиће ту линију умешно и одмерено, обликујући тако сопствену унутарњу равнотежу структуре од 38 хаикуа. *Сићани славуј. / Покакио пиринач / сушен на шрему,* свакако спада у најрепрезентативније у оваквом низу. Он уједно показује, и доказује, Башоову тврдњу да хаику *учи речи њиховој шачносши.* У именовању суштине, суштина и прецизност речи су незамењиве. Оне чине бит у доживљају хаикуа који и није друго до доживљај.

Чврсто компонован, заснован на најважнијим димензијама Башоовог поетског, филозофског и естетског поимања, избор у књижици *Осшаци несшварног живоша* одражава још једну одлику ове поезије: савршеност Башоовог поетског резултата. Ни она, као ни много тога другог у животу и раду Мацуа Башоа није случајност. Јер, у животу хаику песника, по Башоу, његово понашање из дана у дан веома је важно. То, разуме се, опомиње на стални процес самоиспитивања и усавршавања. Истински познаваоци његове поезије кажу: хаику који је Башо свакога дана састављао био је његова предсмртна песма за тај дан. По јапанској традицији, наиме, песник је дужан да пред смрт састави и своју предсмртну песму, своје завештање по коме ће бити памћен, која је најбољи одраз његовог труда. Башо је такву песму остваривао свакога дана свога списатељског живота.

БОЛ У СРЦУ ПОЕЗИЈЕ

Бол Владимира Холана

Богат и плодан лирски опус Владимира Холана, највећег савременог чешког песника (1905–1980) и једног од највећих песника данашњице, остао је нашем читаоцу, све до појављивања збирке изабраних песама *Бол*, заклоњен и недодирљив. Сав стваралачки геније овог писца уринут је, међутим, управо у плодно пространство, благотворно окриље, али и најжешћа искушења *лирике*, којој не само што је посветио свој списатељски век, већ јој је, у необичном сплету животних опредељења, заноса и отрежњења (због којих је песник одлучио да „занеми“, да читавих петнаест година не објављује своја дела и не напушта свој прашки дом, исказујући једновремено и отпор владавини политичког и поетичког догматизма у својој земљи) у једном часу наменио улогу и значај свог јединог завичаја, егзистенцијалног и духовног прихватилишта и заклона – смисла живота и стварања – у најдословнијем колико и најдуховнијем смислу речи.

Јединствен случај Холановог потпуног повлачења из живота, *спиритуализацију*, која је у основи његовог поимања лирике и његовог поетског чина, могао је, међутим, довести и пред подводне гребене опасности да „чиста лирика“, измичући сцилама и харибдама уживатељице живота, у судару са спољашњом реалношћу, а при том сва у једној другој збиљи, „неживљена“, у просторима духовног егзила, изгуби свој набистрији и најинспиративнији доток – животност саму.

Но лирске песме Владимира Холана, без обзира на скромне, неупадљиве и ненаметљиве мотиве и тихост реминисценције, откривају га као песника истинске и дубоке стваралачке снаге.

Живот, који му се одблескује у оку светлошћу и сенком тренутка, дарујући му само честицу, Холан изводи на раван највећих, судбинских мотивских окосница поезије и одговара им свим својим стваралачким бићем. Између два ништавила, прошлог и будућег, из горчине искуствених спознаја, црпљена је а спиритуалним уздигнућем вишеструко прожета и уздигнута целовитост доживљаја, која за Холана не значи одушку личног испуњења колико потпуност као достојну подлогу песничке речи, као што и емотивно прочишћење има значење потирања свих смрти,

„васкрсавање свих гробова одједном“, израстање и бујање најплеменитијих сила, које су, човеку што кроз пукотину гледа свет у капању ретке зраке светлости, неопходне и драгоцене, али песнику Холану можда још драгоценије управо као сазнање да се могу обистинити, на једној другој равни обновити и трајати, у вечности Поезије.

Једноставност поетских мотива у Холана је тако доведена, управо „одустајањем“ од живота, до изузетне песничке оптике, понајпре стога што је своју људску рањивост и рањеност песник поистоветио са својим најрастворенијим и најобухватнијим осећањем – *болом духа* – („Смртнији сам од свога тела“, вели један његов стих) и своја најзначајнија сазнања о човековој суштини (у којој све „што није колебљиво, није чврсто“), а патњу „сразмерну човеку“, доживео као дивовску, надрастајућу, универзалну, ону која сабира сав бол и све боли, у драму „већу од човека“.

Врхунац Холанове песничке уметности је у његовом отпору „поетизацији“, песничкој реторици. Ослањајући се на „обичну“ реч, коју је сматрао довољно вредном, Холан ју је очистио, својим контемплативним гестом заклонио од нахрупљивости спољашњег и наметљивости гласног. Само је његова, како Петар Вујичић тачно именује, „надљудска усамљеност“ могла човекову драму да види и искаже у њеном корену, страшној и неизбежној соли њене елементарности, али и у њеној вечној крошњи, изложеној ударима свевремених ветрова. Стога је песникова рефлексија прочишћени одговор његовог целокупног бића, окренут бићу поезије, а његов бол, у ствари, духовни амалгам бола, којим је изливена песма чија сублимност садржи праслику патње, због чега ће Холан и моћи рећи: *Боли ме срце поезије...*

Између оштрица посвемашње *истине*, и неухватљиве *лепоте*, Холан ствара свој пев, као чист, готово наг *покрет речи*, којим осваја скупоцени трен новине, са посвећеношћу онога који, саживљен са голим темељцем живота, из прихватања смрти, јасније сагледава вечност промене, и тиме удахњује суштину животу песме, чеду неминовности и жудње, безизлаза и наде – чуду што помирује *очај* и *мудрост*.

НУТАРЊИ ОСМЕХ ЖИВОТА

Букет жена Артура Лундквиста

Истина је хиљадулика, / у сваком месту друкчија, / друкчија за сваког наредног човека / друкчија у једном те истом човеку", стоји у поеми „Глад једнака земљотресу“, у књизи *Букет жена*, заснованој на избору из ране фазе (1928–1954) али и периода Лундквистовог зрелог списатељског делања седамдесетих, и с краја осамдесетих година. Ова поема доноси и аутовизуру великог путника, „кућаника свих меридијана", коме самосагледања нису страна (посведочиће и књига аутоинтервјуа *Сањар отворених очију*), који разнолику истину, нагоном великих стваралаца присно здружених са творачким силама не само што слути и осећа, већ је побуђен, нагоном истинољупца, и да је непосредно додирне, те њене преплете удомљује и здева у своје креативно биће, своју оживотворену поетику. Метафора глади постаће стога жестоки, жарки, грчевити *исказ са покрићем* у хиљадама слика скупљених по свету, где „пузи по земљи / и коти се, (...) псеће се спарује, журно, / у дрхтању на смрт преплашеног", али ће и као умножени понор, исконским осећањем за темељно и неистрошиво, у овом сину земљоделца са југа Шведске, аутодидакти, гутачу безбројних дела свих светских писаца (знаменита књига есеја *Плодови читања*) и горљивом путнику и преводиоцу, рађати необичан смисао за прочишћујуће и плодне спојеве супротности, инстинктивну творачку радионцу чуда, која изговара, и у устима осећа, горчину виђеног, надмашујући њен тегобни *реалистични* терет *реалношћу* онога што сама ствара, искристалисану наталоженим истинама. Потрошној и пустошној глади, коју овековечују и друге песме („Човек који гледа с моста"), па и оне које евоцирају разнолике библијско/свевремене али и историјски и урбано савремене теме пошасти („Сандберг, Америка", „Гарсија Лорка у Њујорку", „Пабло Неруда умро је у Чилеу"), са мрљама крви и мрљама празнине и нестајања, Лундквист ће знати да супротстави голи рудимент живота, виђен такође у наслагама слика, почев од детињег крика страха и слободе („ Сам у кући"), визије земљоделца са „свитом птица и пчела" или песме „Сећам те се, оче", до можда њему најзначајнијих симбола лепоте и трајања, Жене, и Дрвета, животних стабала, која су, у својој неизбрисивој трајности, у Лундквиста, спремног на неочекивано (ни Север у њега није каквим га замишљају) *загрнута* метафориком, *сачувана* у најфлуиднијем слоју бивства, и управо отуда заштићена у најнепролазнијем и најсуптилнијем одсеву стварносног. Знајући их, у њиховој смртности и пролазности, Лундквист их зна у истовременој њиховој *истинитости* и *суштини*, њиховој тајни, која је поезији насушна исто онолико колико су то прах и талог збиље. Стога његово реалистичко писмо носи утиснуте знакове *нестварности*, који потврђују Живот, колико и очевидност његова непосредна, опипљива присуства: *Не, дрвета живе у смрти, / нерастворљивија и крепкија од било чијег меса* („Волети дрво"), као што је жена заправо прегршт могућности живљења, букет жена, јер *иза сваке метафоре збира се стварност*.

Дубока налазишта изненађујућег живота, и чуђење, које као „блесак муње отвара песникове очи уместо да га оставља заслепљеног", (Захвалница за награду Струшких вечери поезије, 1977) творе фину супстанцијалност најлепших слојева Лундквистове поезије. Његово поистовећивање поезије и мноштвености живота добиће стога у бројним стваралачким преформулацијама и тако суптилан исказ какав је његов прозни запис „Кинеска слика", или надстварни трепет Голготе, каква је слика Јерусалима, издигнута *понад себе саме*, или затамњена елипса, која баршунасти, лирски надреализам Елијаровог кова премешта у мишоовску визуру песама у прози и прича о природи („Човек који је сакупљао потоке“, „Заљубљена ајкула“ и друге).

Лундквист је веровао да путовања ослобађају „од куће зване ја“. У суштини, она су, као и његови песнички и есејистички портрети других писаца, само ширила и потврђивала стваралачку дубину. Доживљај Неруде, и Васка Попе, или страсно разумевање Станескуовог елегичног боја *утробног са реалним*, где све што је споља постаје процес у телу, и процесу у речи, налазили су природно уточиште у Лундквистовом уверењу да *ничије рубље није довољно бело да зацели рану* („Ено неко дете плаче“) а да је песничка рана, као и радост, *цели свет, сабран у слободи песничке речи*, слободи да се из корена речи, иде даље, у њен понор, иза невидљивог, и још даље, иза речи. Вишеструко стварна, коренита, понорна, из блата и крви, поетска реч Лундквиста расте у нетварно, грлећи поуздано и заувек.

Претеча модернизма у шведској књижевности (легендарна група „Петорица младих“), Лундквист је својим космполитизмом и неконвенционалном (више него рушилачком) одбраном аутентичног у појавном и духовном свету, у свом огромном опусу (преко осамдесет књига поезије, прозе, есеја, превода) најстрасвеније бранио витализам, снагу и уверљивост, поезију као реч јачу од било какве школе, норме, или цензуре, макар та цензура припадала и властитом Над-ја.

Ова књига, плод дугогодишњег преводиочевог приврженишства , уравнотежује песничку реч, поетичку визуру и повест о тоталном покрићу живота делом (и обратно), славећи песнишво као разнобојни егзистенцијални и творачки жар, у самом срцу, том „срдитом мускулу“ живота. Али и његов спасилачки, „нутарњи осмех“, који између осталог, буди нову жеђ. За неукроћеном поезијом живота, и благородним животом поезије, разуме се.

ОТКРОВЕЊЕ ОЧАЈА

Песме Дејвида Гаскојна

Стихови Дејвида Гаскојна готово да су нашој читалачкој публици били до сада потпуно непознати. Стога је прво шире представљање његове поезије (часопис *Писмо*, јесен 1993) најавило и опсежнији избор из дела песника, који сада, књигом *Песме*, сведочи о монументалности његовог опуса, при чему се, заправо, нема у виду опсежност, већ грандиозност мислећег и поетског потхвата што се грана у више стваралачких етапа овога песника и више његових стилских усмерења.

Гаскојн (рођен 1916), који је своју прву књигу објавио као шеснаестогодишњак, није до данас, наиме, публиковао више од шест књига поезије, али су зато *Сабране песме* доживеле више издања а песник стекао место недвосмисленог модерног класика, незаобилазног у антологијама савременог енглеског песништва.

Оно што громадност његова дела одликује понајвише јесте конзистентност, унутарње природе, у освајању различитих нивоа песничке артикулације разбијених слојева човекове личности, у јединственој драми која добија колико исконско толико и савремено озвучење, потресно амалгамисани *нови* и *древни* квалитет, а да при том сам стих сасвим гипко и моћно сноси мотивску и интонацијску раслојеност. О томе најбоље сведоче распони од циклуса „Miserere“ који се одликује ахасверском дубином (и понајпре га можда сажима и интонира стих *Гледај Човека: Он је Човеков Син*) до лежернијих и мелодиознијих оркестрирања и укључивања у модеран ритмичан дух времена, о чему, на пример, сведочи циклус „Мали Зодијак“.

Но стихови посвећени Иву Тангију, о „световима што се ломе у глави“, преносе ковитлаце времена на позорницу универзалних поетских значења и порука, говорећи „дијагонално“, кроз само време, о „планетарном семену“ развејаном „гротескним ветром“ и најављују оно искуство што, у песми посвећеној Салвадору Далију, не само што указује на надреалистичку жестину сукобљавања изломљених призора већ и на онај судар супротности који је, након Рембоа, француска поезија открила у дубинама ирационалног, а које је, посебно са Пјером Жаном Жувом, прерасло у особену песничку константу што отвара велике распоне у песничком одгонетању телесности и мистичности, спиритуалности и катастрофичности, који се сливају у апокалиптичне визије што су добрано потхраниле и стих Дејвида Гаскојна. За тај однос дана и ноћи имао је слуха аутор овога избора Иван В. Лалић те се стога песма попут „Tenebrae“ јавља наспрам предивне, иако апокалиптички обојене песме „Епилог“, о остацима човека што ходио је „скутом земље и певао“, док циклус „Хелдерлиново лудило“ подржава ову тензију растројства и „протусловља ноћи и дана, земље и неба“, певајући о путнику чија се сама нагост отвара, и који себе, како Гаскојн каже, *среће на пола пута*.

Јер Гаскојн пева о човеку чија катастрофа пуца из драме његовог меса и ума подједнако, и који је, када су му већ све „божје ране“ знане и пребројане, располућен усред празнине, лишен обновитељске силе, снаге препорода.

Откровење очаја, како бисмо, песниковом синтагмом, најпрегнантније могли назвати усијање његовог тамног и на моменте болном тежином оперваженог стиха, извор је једног другуг Гаскојновог мотивацијског круга – његове наде да ће *разбацано тело устати, / И кора-*

чати, и у кораку певати. Постоје за њега, наиме, форме које су одраз вечите реалности, које, везане за чистоту искона, ван преклапања општих места и речи, рађа сама поезија, надахњујући „бистро млеко љубави", рекреирајући њиме и своју властиту стваралачку моћ. Стога није чудно што управо песма „Ex Nihilo" тражи онај „најтврђи камен", да на њему заснује „жртвеник и конак за вечност".

Од класичне и религијске дубине, до експресионистичке и модернистичке понорности, у спектру вишеструко раслојеног човековог искуства, та снага пробуђене и прочишћене емотивности и духовности која прожима свако сазнање о човековој драми – у свим временима – јесте недовршена и стога отворена стваралачка повест, вечна свежина света садржана, у свој елементарности и суптилности, понајпре у моћи саме *поетске формуле*, њеног стваралачког и прочишћујућег одговора свету. Њу из спектра целе збирке нарочито добро осветљава уводна песма „Неизречено", у којој Гаскојн каже: *Путујући огромним континентом човека / Нема два иста пута...*

Тај „неизречени" и недоречени, можда и неизрециви континент, подлога је великих опсервацијских мена и разноликих стилских живота унутар књиге поезије коју Гаскојн исписује. Разлог да се увек изнова започиње осветљавање једне у суштини обнављане и поновиве драме, „следећи извесне маршруте за неизвесне земље".

Домети ове поезије су антологијски, а на њих је умешно, чак и са много духовног поистовећења, указао и избор и превод песника Ивана В. Лалића.

БЛАГОСЛОВЕНЕ СТРУКТУРЕ

Делфин Роберта Ловела

Основна одлика избора из поезије Роберта Ловела (1917–1977), који је сачинио Срба Митровић, јесте у томе што је приређивач, и сам песник и истанчани познавалац дубинске стваралачке проблематике, веома добро уочио и презентовао кључне и преломне тачке у Ловеловом креативном стремљењу, које је, пратећи ритам ауторовог сазревања, и различитих поетичких захтева, трпело и одређене, чак немале трансформације. Приређивач је то предочио не само кратком и информативном белешком о песнику, већ заправо самим песничким штивом које покрива период од прве Ловелове објављене књиге (1944) до последњих збирки (*Делфин* и *Историја*, 1973).

Роберт Ловел, који је већ другом својом збирком (*Замак лорда Виерија*, 1946) освојио Пулицерову награду, а потом стекао и низ других признања, током живота најцењенији и најутицајнији песник своје генерације, једно од прелиминарних врела свог стварања нашао је, у раној фази, у окриљу утицаја „Нове критике“ и њених захтева. Почетак овог избора стога је посвећен песмама као што је „Квекерско гробље у Нентакету“ (изузетно сложена песма, готово поема, сачињена од неколико песама густог идејног и вербалног ткања) али ту су и друге, које указују на интелектуалну тензију и тежину које ће сменити продори песничке побуне, оваплоћене, између осталог, и у спонтаности којом се оцртава кривуља емотивних падова, отпора и незадовољстава, или пак ретке благости у лирским записима посвећеним сећањима на породичне сцене из периода детињства и младости.

Приклањање једном другом и другачијем гнезду певања, наиме, које и нехотице тражи склад, неусиљеност и једноставност, утираће пут зрелијем Ловелу, чија ће сложена опсервација, талог искуствености и језичка виртуозност све више постајати замена формалним захтевима и интелектуалности његове прве фазе певања.

Ове дубље метаморфозе одразиће се и мотивским променама. Песме старозаветних или античких иницијалних инспирација, ма како њихов асоцијацијски опсег био широк и плодан (идеја о *бескућној Каиновој крви*, циклус о Клитемнестри), намећу уздигнут тон и херметичност у сабирању вишеслојних значења, и оне ће у каснијим песмама бити на веома успешан начин превазиђене, односно, наћи ће успелију стваралачку супституцију у рачвању нових мотива, ближих свакидашњици, и посебно, ближих интимном искуству самога Ловела. Тако ће на његову лирску сцену ступити два особито важна поетска фокуса, која заправо изоштравају два аспекта повести: лични и универзални. У исто време, снага синтетизације, која чува значења у вишеслојном поретку, постаје трајна одлика Ловеловог певања, којој ће он само придодавати нове искуствене набоје, а у стилском погледу је изоштравати до граница префињене једноставности.

Мушкарац и жена, човек и његова околина, односи тензије, препознати у најширем смислу као ситуације неразрешиве усамљености у времену, пред Историјом, јавиће се као непосредна и жива равнотежа реактуализацији класичних тема, наглашавајући претећу празнину најављене смрти која постоји и у самом животу. Историја у исто време *живи од онога што се нашло овде / грабећи незграпно све што смо имали* („Историја“), колико нас невидљивим сечивом одваја од будућности („Мексико“, I). Казаљке су унутар самих Ловелових песничких субјеката, али су оне исто тако и оштрице, које казују да смрт никада није далека. Песме „Читајући себе“ и „Часовничар бог“, метафоре таквог односа живота и смрти прегнантно исказују. Човек је отворена књига, али и отворен ковчег, искра што сведочи о крају и новом двозначном почетку, који увек може бити и нарастање празнине.

Пред Историјом која и није друго до *Оно што не можеш дотаћи*, идеја да умирање, *тако неслично писању*, управо писањем, милошћу једне књиге, *благословених структура*, испуњених и појачаних животом, бива надвладано, носи и капиталну идеју избављења, на свим равнима, па и на оној каин-авељовској, која прати човеков свеопшти и свевремени усуд. У стиху *очи ми видеше шшо моја рука сшвори* („Делфин“) садржана је та једина тачка сигурности и уточишта на коју се Ловелова песничка лутања ослањају.

Изабране песме Роберта Ловела са енглеског су успешно, без видних међурубова, превели: Милан Ђорђевић, Иван В. Лалић, Срба Митровић, Александар Нејгебауер, Дубравка Поповић-Срдановић и Јованка Цоловић.

СКЛАПАЊЕ АУРЕ

Рељеф Тадеуша Ружевича

Ружевичев улазак у поезију (1947) био је означен побуном против ње. Прихвативши се са отпором задатка да из преостатака речи, из „великог сметлишта и великог гробља“, како каже у једној врсној аутопоетичкој белешци, *гради* живот након краја света, након његове *смрши*, Ружевич (1921) је питање стварања успоставио као питање етике која је уродила и једном од најзанимљивијих поетика савременог европског песништва. Реч, та *гола кост* са цивилизацијског отпада и попришта неизмерљиве кривице живих и мртвих, оних који су говорили и оних који су ћутали, заувек је за Ружевича остала на раздруженим обалама живота и смрти, где све огољено припада песнику, а припада песнику јер припада човеку.

Ослобођена слика̂, метафора̂, привеса имагинације, Ружевичева поезија је тежила чак и разбијању те голе кости, дијалогу успостављеном унутар човекове сржи, где је уз реч присутно и ћутање, као и сумња уз веру, јер је у нови живот уграђена велика чињеница опште смрти, клонуће дрвета сазнања добра и зла, одлазак Бога. Певајући о две обале живота, међусобно тако опречне а непорециве у човековом искуству, говорећи: *ово је човек / ово је дрво ово је хлеб*, али и: *не верујем док једем хлеб / док пијем воду / док волим шело* — Ружевич говори из призме трауматизованог новог века, распрснућа света изазваног човековим падом „у свим правцима истовремено“ (*Трауматска прича*, 1987) и, напокон, дијагностицирањем равне линије смрти, која ћутањем пресеца песничку реч, обавезујући је да још једном потражи последње трагове живота у све нејаснијем корену његових моћи.

„Одузевши себи поезију, да би јасније видео“, Ружевич је градњом нове поетске феноменологије и етике, себи омогућио да види узалудност поетских напора да се досегне „срећа човечанства“, будући да се ови напори, како би рекао Хамваш, разбијају о само човечанство; али се стога са ништа мање одоговорности, прихватио одбране достојанства чињеница заосталих под новим валом деструкције и равнодушности, кушајући, ту где су идеологије испразне а религије немоћне, још једном, отпорност саме речи: онтологију која у књижевности позива не на *даљи лет* него на *даљи живот*. Овај Ружевичев став (1971) који поништава свако потхрањивање илузијом али поезију управо стога обавезује на чист *израз*, Ружевич заправо сматра заштитом поетског *зрна*. Збирком *Рељеф* то зрно је на фону распознавања суштинске драме амбивалентности човековог бића, између удаљених обала, стављено и пред најкрупнија питања хуманизма, естетике и стваралаштва овог века, сучељених са дијалектиком опадања, ишчезавања, у којој је завршница не више ишчезнуће бога, већ онога што као израз живота грли живот — ишчезавање Облика. Јер, постоје и оскуднија времена код оскудних, поручује Ружевич, када *после одласка богова / одлазе песници*.

И онда када за своју форму поезија не бира песму, већ „улегнуће“ у коме се гнезди, попримајући „облик уста“, њено повлачење је песма о могућности рађања, о рођењу у свим правцима — животни отисак изнад посмртне маске света, песма-облик, песма-постојање, сасвим близу праха и земље. Јер *можда и не треба градити до неба / можда је боље при земљи / до земље*, вели Ружевич, надграђујући давнашњи став: *песник сметлишта ближи је истини / него песник облака*.

Ако је са Освјенћимом и Аушвицем убијен „онај који је дозвао у живот поезију“, склапањем песничке ауре, улегнућа и маске, речи које преживљавајући патњу и смрт обгрљавају живот, Ружевич у збирци *Рељеф* пружа нешто суштински ново: зебњу над пуноћом облика (чак и када му је једна полулопта могући, а друга непотпуни живот) пред пуном и равном линијом још једне смрти у времену.

Пратећи Ружевичево стваралаштво и представљајући га зналачким изборима (још од прве збирке у нас, 1960), последњи пут на високом задатку превођења огласио се Петар Вујичић, изражавајући сваким преведеним стихом блискост са песниковим кредом: *Редуковани свет је / као увек / усредсређенији*, али и своју строгост, као заљубљеничку верност песничком облику.

ГРЛЕНА МУЗА

Песме Шејмаса Хинија

Избор из поезије Шејмаса Хинија (1939), једног од данас најзначајнијих песника енглеског говорног подручја, који нам је понудио Срба Митровић, одважила бих се да назовем *Грлена муза*, по једној од најинтригантнијих песама збирке. Она, наиме, на чудесан начин меша и спаја а коначним исходом надграђује асоцијације којима Хини вишеслојно понире у своје сталне поетске преокупације – визију предела̂ и историје, времена̂ и људи – али и онда када, настојећи да рестаурира фреске на зидовима градова, исказује и сву сету или грч ововременог опстајања колико и призив тајног и древног додира са „мекоустим животом". Тако се исписују поглавља његовог личног песничког албума сећања, али и онога посвећеног његовој родној Ирској, коју (са свим контроверзама и конфронтацијама готово парадигматског располућења света) жели да врати стазама исконске мудрости, оличеној управо *мудрошћу тела* и „тресет-површима" сабијених и нерашчитаних наслага његове древности.

Стога у избору који је сачинио Срба Митровић, имајући у виду више од двадесет књига поезије Шејмаса Хинија, песме као што су „Копање", „Природњакова смрт", „Брање купина" и „Дан бућкања масла", неугаслом палетом дочаравају свет природе и живота који данас све више бледи, претећи да ишчезне у жабокречини, мочвари, искорењењу.

Мочвара је за овог песника постала свеукупни песнички топос – симбол опстанка или потонућа, игре на самој ивици – за коју Хини у крајњој линији чини одговорним једино човека, не више ни боје застава које га представљају и иза којих стоји. Између неба и земље, мочвара је бојно поље са кога човек мора кренути у живот, спасивши не само себе, већ управо свој *живи корен*. Преводиоцу, ваља признати, није било лако да у лексичком обиљу Хинијевог имажизма пронађе читаве спектре појмова и речи које иначе нуди његова песничка машта и бујање сликовних импулса који дочаравају мочвару: „виме воде", каљуга, баруштина, царство глиба, где Хини непрекидно тражи здраво место: *вокал земље* „што сања свој корен / у цвећу и снегу" („Сродство̂", IV). Вода и њене усеклине у земљи синоними су токова и ритуала обнављања снаге, бунари су тајна изворишта живота̂ – „врело са самог дна надошло". Хини очекује да човек са пуном озбиљношћу прочита и истражи поруке тих дубина, попут његовог оца, старинског орача, чији је наследник сада он, што копа „са пером у руци", осећајући под њиме пустош, данашњицу као тужни „пристанак на тричаву судбину", у којој се живот *окамењује и искорењује*.

Отуда је ова поезија снажно песничко обнављање сећања на воду (сећања на Живот), сугестија плодне аморфије („слободна локва") из које свим правцима може потећи нови облик и нова манифестација живота, ако се распозна полисемија елементарног, насушног. *Вода* и *корен* су стога, наизменце, они евокативни ослонци на којима Хини гради и своје најразуђеније и најуниверзалније песничке поруке.

Јер, једна од најзначајнијих црта Хинијевог песништва јесте управо његова универзалност, што га и чини једним од најутицајнијих песника данашњице: његова способност, наиме, да свету тамних и погашених боја и деоба супротстави благост разумевања и толеранције али и сложени глас рекапитулације – лирског сећања – као и говор времена уопште, који је *трансисторијски*, јер садржи патос великих и непромењивих истина, митова савремености који су у надлештву људи, онда када они нису само богови рата и уништења.

Тиме Хини није више само ирски и енглески већ уистину светски песник, чија „грлена муза“ из највећих дубина поетских слутњи и знања исходишта тражи у вешезначности човековог креативног прегнућа. Једно од њих Хини налази у самој поезији. Знајући да у њој види и гради сагу о драматици опстанка, он у исто време у њој распознаје и уписује танани бакропис непосредности, чар изузетне, иако тренутне измирености – равне тихом *тријумфу живота*. И поезије. Јер како кажу Хинијиви стихови („Песма“), *Постоји блатњаво цвеће дијалекта / И смиље тачнога говора / И тај тренутак кад птица пева сасвим близу / Музици онога што се управо збива*.

ПЕСНИК СА КУТИЈОМ ЖИГИЦА

Хотел Несаница Чарлса Симића

Већ се у избору песама *Авенија Америка* (КОВ, Вршац, 1992) реч несаница појављује са учестаношћу која узнемирава, израњајући из таме апстрактности и чудесне неухватљивости да визији света Чарлса Симића (1938) дȃ језовит стварносни одблесак, поготово када, везана уз сам песнички субјект, јасновидим сазнањем (узалудног) спавача означи читаво бреме спознајȃ које распе из висине мучитељка звезда, а које можда пре и сам спавач носи као „терет својих очију“ (песма „Караван“ ове збирке). *Налог да се буде на два места одједном* у једној својој песми Чарлс Симић одређује као *руб*, могућност „дубљег измицања“, неког „опоријег обрачуна“.

Тај брид одговорности, једног новог митског искуства уроњеног у саму бит поезије – које из сећања прориче слике садашњости и будућности, Симић види као померљиве и пробуђене оквире обично уснулих савести, зарад којих у прологу књиге *Хотел Несаница* помиње сопствена вешала, лавиринте замишљених градова у којима би могао „умаћи својој грижи“, и напокон, „приватно степениште у тамна небеса“. Јасновидост, наиме, није начин да песник види боље и тачније, већ да се позорница човековог ововременог удеса осветли из различитих углова, потпуније – из нескривене и уздрахтале интиме, пре свега, у којој вечно дете пали жигице пре но што оне успевају да осветле разностране углове застрашујуће и неразговетне таме. И како за поезију Чарла Симића каже Марк Стренд: „Његово нам дело улива осећање да је свет креација мита, да ништа није онако како смо мислили да јесте, него како смо на неки начин одувек слутили да би могло бити. У песмама Чарлса Симића доживљавамо таква нагла, хитра препознавања духа, која значе осветљења.“ Паљење жигица, тајанство израстања из једног мрака у други, иницијастичка лутања, за степен померена према ужасу који нуди „непојмљив, разнолик свет“, заправо чини овај дневник несанице откровењима пониклим из најдубљих пора међу крхотинама реалности. Умноженост његових изломљених димензија, страдања и потраге за разумевањем, Чарлс Симић уводи као своју „постељу од ексера“ на читав „конгрес бесаних“ – у увишестручени „театар свирепости“ чије мене може и мора спознати нововремени Одисеј, који се помаља из некадашењег Симићевог „номада несанице“ и заодева се у кожу судбинâ. Његова Кирка је занос и страхота самог постојања – имподерабилија – која непрекидном свежином својих дамара и замаха у невидљиво паукoво ткање хвата човекову сићушност и немоћ, претачући своју мистику у највећу од свих мистерија, која извор има управо у том истом застрашеном бићу од крви и меса, чија непредвидивост запањује и саму Сфингу.

Судар конкретног и нераспознатљивог, последице и узрока, видљивог и непрозирног, Симић преноси као свој трајни говор *знакова* и *загонетки, историје* и *мистике*, човековог свеколиког наслеђа спојеног у јединствен свет у коме се меша њихов тајанствен и јасан смисао, блистава гротеска и дубина скривених трагедија које су заправо најчвршћи темељ Хотела Несанице: *Тако близу је то било, помислих / На моменат, да сам зајецао сам.*

Универзално распростирање човековог удеса, које даје посебну драматику збирци, остварује управо игра кључних *равни/симбола* предодређена већ и називима поглавља (*Један, Два, Три*) која могу значити паљење увек новог рефлектора у великој кинематографској, позоришној и циркуској представи овог света, али и судар мита, историје и стварности, подједнако окупаних гримизом крви, чије искушане формуле Симић спушта у реално поприште раја и пакла у човековим венама, ерос и танатос примамљивих бомбона („Неке ноћи“) са укусом искушења, грехова и страсти, развејаних по свим пустињама и авенијама овог света, о чему живо сведоче светлуцања екрана, омогућујући ововременом песнику да до ошамућења брзо спознаје ритам свемирске Одисеје: *Нисам тамо био, а видео сам све* („Хотел Звездано Небо“).

Симићев сукоб са бесконачним (како гласи и назив једне његове песме) у основи је његове поезије, као увођење Поезије саме у животни еликсир бесконачности, насупрот апстрактној пројекцији, идеји постојања или каквом идеалу који није садржан у плоду или честици живота. Држећи се живота, наиме, његова поезија постаје магични доказ растопивости универзалија, чија се вредност и суштина опробавају *на самом језику*, па самим тим и у укусу поетских речи, у опипљивости, пролазности и свим ранама и блаженствима која чине фасцинацију живљењем и његов дубински бол, онај конвертибилни плашт заноса и ужаса постојања који изражава сваки Симићев стих. Отац, Мајка, Син (опет у складу бројева: Један, Два и Три – између прошлости, садашњости и будућности, рођења, живота и смрти) свето и грешно, јединствено и разједињено, преврћиви огртач снова и несанице, обичног и бласфемичног, подривачког и градитељског у човековој природи, до чијих се дамара спушта Симићева жигица, чине да његов лирски луталац кроз простор и време, страсти и поноре, оћтане непримирено и неуспављиво дете у кући страха и осаме.

Спавати, уосталом, могу само лаковерни, који прихвате визију једног јединог, схватљивог и дохватљивог хоризонта над својом постељом. Или сан о њему. Песник је на капијама двозначности, где је непојмљивост стварна, струњена или уздигнута до голог чуда постојања (обична жена са сукњом у ветру која се кикоће, као у песми „Пролеће“, неодољиво сведочећи, између осталог, и о песничком братству са поезијом Александра Ристовића); али, и где је тајна запретена, а при том уверљива и логична: *Бескрајан број линија: Који ме здружује са стварима и бићима / Тако да дијаграм / Било ког трена мог живота / Личи на дечју жврљотину.*

Атлас несанице пун призора и прозора, прободен врхом обичног патрљка песникове оловке, а опет са отиском звезда, са модром бојом бескраја. Не признајући раздвојеност светова, на њиховом танком рубу, поезија је једна, неподељива *стварност*. И отуда несаница. И отуда метафизика. Муњевит одблесак стварног, коме је Владимир Пиштало знао да да̑ потребни одсев винског.

ГЛЕДАЈУЋИ КАКО ВЕТАР МЕЊА ЈАСИКЕ

Песме Рејмонда Карвера

У светској књижевности седме и осме деценије овога века вероватно се није појавио утицајнији, значајнији ни популарнији писац кратке приче но што је Рејмонд Карвер (1939–1988). У необичној редукованости његове кратке прозне форме, која је начинила тако радикални помак у развоју овог жанра, живот сам, *претопљен* у књижевност, представљао је врхунски изазов, драж која је, ипак, у самој биографији овога писца (радника у робној кући, пилани, болници, тек касније предавача на факултету) плаћена голим властитим искуством, али се при том и сам језик, његова колоквијална интонација и структура, која изузетно погодује сведености приче на неколико животних детаља и свакодневни дијалог, у његових шест збирки прича и те како осећа као књижевни *субјект* по себи. Разумљивост, јасност, обичност свакидашњих мотива, сугестивност фрагмента једноставних живота, говор самих детаља и атмосфера којом дишу, одајући од себе у исти мах и спознају неке подразумевајуће целине којој припадају а која и јесте у оквиру слике, али је и превазилази, неоспорно говоре о томе да је иза Карвера прозног писца стајао не само сјајан мајстор писане речи, који успева да влада задатком примицања истини у коју је загледан, већ и песник, који је, пресудно обогативши поетику модерне прозе ставом да се она може обликовати посматрањем стварног живота, ма где био и како год га људи живели, у исто време био понесен и *тајном постојања*, и *тајном језика*. Један од његових студената, писац Џеј Мекинери, говорећи управо о том Карверовом поштовању језика, као осећању писца који „воли речи оних мајстора који су му предали језик у наслеђе", говори у исти мах и о извесној „понизности" пред језиком, „која се граничи са страхом". У тој тачки која излази из оквира избрушености речи и исказивања јасног и тачног, а урања у извесну неодређену мекост, која такође припада, искуству, али је њен мање видан, а пре наслућени обрис, њен далеки почетак, можда у неком општем, наслеђеном делу човековог емотивног и сензибилног устројства, или можда још даље, неког удаљеног, тајновитог поретка који се усред ломова који чине људски век и не осећају као могући управљачи, богови случаја који њиме владају, већ тек као збивање, као случај сам, започиње страх пред речима, обавеза сталног и упорног истраживања њихове једноставности и дубине. Јер управо мистични квалитет, неисказано обиље унутарње човекове тајне, и оне изван њега, тражи посебан приступ речима, и он се осећа у најбољим Карверовим приповестима, или бар најспецифичнијим, какве су „Перје", или „Катедрала" и та брижност у очувању граничног, између снова и јаве, рескости чињеница и лелујања света сентимента и слутњи, са неком ослобођеном и самопотврђеном мером, исказује се у Карверовој поезији. Као што се, и нека нова, или другачија мера стваралачке потпуности и обасјања (којих нису лишена најлепша места његове прозе) или тишине (којој је тако склона и његова приповедна реч) исказује у Карверу песнику.

Овај прозаиста непревазиђеног угледа и утицаја с краја нашег века, одувек је, наиме, и сам био уверен да је у првом реду песник. И када је, као сасвим млад, одбијен на конкурсу у Ајови за финансијску помоћ младим песницима, није престао да верује да ће га свет, ипак, једног дана упознати и прихватити управо као великог песника. Објавио је пет збирки у периоду од 1968. до 1988 (пред саму смрт): *Близу Кламата*, *Зимска несаница*, *Ноћу лососи крену*, *Тамо где се вода спаја са другом водом* и *Нови пут до водопада*. Брижност, бојазан и језичка чежња са којом се односио према најтананијим питањима израза осећају се у његовим стиховима, али у исти мах, његова поетика, уистину не другачија, добија неслућени замах отискивања у неки свој други живот, исказив једино лелујавошћу и спонама које непосредном постојању у књижевном језику подарује само поезија. И даље је ту присутан онај налог карверовске *уйијености у живоtu*, и његовог истовременог *осматрања* (*Биtuи tuамо, унуtupa, и не биtuи tuамо*, како каже стих изврсне песме „Затворио си себи спољна врата, а онда покушаваш да се вратиш", које, нажалост, нема у овом избору), где је сва поетика садржана у мотоу који би се лако могао ставити испред сваке Карверове приче и песме а који и он сам исказује лежерним стихом: *Ако tuo звучи / као ūрича из живоtuа, добро*. Прича из живота тако остаје она парадигма једноставности која огољује постојање, чини га видним, дрхтавим, рањивим, и беспримерно вредним и важним; чини га непосредно унетим у речи или пак из речи непатворено изнетим, и на тај начин се нуди као јединствен карверовски модел. Њега ништа не може боље дочарати до песма „Мој гавран" и њој је у избору који нам доносе *Песме* припало и уводно и почасно место. Тај гавран што већ у првом стиху *ūostuoји*, као у хаику песми, јер је уистину *слеtuео* на дрво крај прозора. *Поседео је tuу на ūрани неколико минуtuа. / Онда се диūао и одлеtuео ūрелеtuео / из моū живоtuа*, „није Хјузов, Фростов, Пастернаков или Лоркин гавран, нити један од Хомерових гавранова"... Њему не припадају никаква друга значења, сем да је, улетевши у живот, ушао и у песму, као *чињеница живоtuа*. То разликовање између књижевне чињенице надграђених значења, и *фраūменtuа живоtuа* што језичким означавањем исказује једино и искључиво право на *свој* живот, макар он био и у тексту, конац је равнања у избору који је сачинио преводилац ове поезије.

Симултаност доживљаја и исказа, онога што се збива, и тиме, а не неким другим искуством и знањем, илуминира простор из кога израња, као оне веће и важније, непроходније тајне живљења на коју и нехотице баца светлост искрености и непосредности увида, чини једноставност Карверових прича/доживљаја, поетских сећања оживелих у једном маху, одиста без премца. Један усамљен, испуњен и наг тренутак у Карвера може да постоји као „Песма коју нисам написао", или да се чудесна слика роди у погледу истовремено са прелетом „између ове мисли и оне" („Чудо"), као што ће непосредност физичког постојања и чулних доживљаја исказати исту такву непостредност голе истине која лебди испред, иза, изнад тог доживљаја, али га не прекрива нити гуши („Моја кћер и пита од јабука", „Енергија" „Срећа" итд.). Умекшани благи тон нарације у дужим песмама изванредно погодује Карверовој потреби да казује атмосфером коју из обичне свакидашње сцене његова песма води ка каквој њему битној поенти, која се у суштини неће много одвајати од контекста, али ће добити необично лепо заокружење, попут рубинске капље вина, какав је стих *Мирис кафе, и tuи која додирујеш косу / ūокреtuом некоū коūа није било ūодинама* („Пут"), или пак ток и разрешење изврсне песме „Новац", или необичност дуге изјаве љубави која и није непосредно изречена („За Тес"). И то би се могло назвати карверовским смислом за меру, за наглашавање које то није, јер је у основи многих песама чежња за измирењем, унутарњим пре свега (иако је тај склад садашњег са бившим животима у себи за Карвера готово неразрешива основа прикривене тензије његових песама), али и проналажењем мира у изједначењу са природом и њеним огромним спокојем. Тишина познавања и свођења себе на драгоценост талога и његово насушно искрење („Осетљива девојка", „Далеко") једнака је по важности том исто тако тихом урањању у бескрај, које је без ове унутарње потврђености немогуће, јер је у том непрекидном процесу упијања живота и таложења његовог суштаства онај мир *нарастања* којим се пуноћа враћа пуноћи, са једноставношћу природног збивања, истом онаквом једноставношћу са којом и гавран улеће и излеће из простора песме. Овом часу измирења и лепоте посвећене су најфлуидније а опет најснажније Карверове (песме „Најбоље доба дана", „Допуштење", „Срећа", и надасве „Где се вода среће с другом водом"). Доживљајем пуноће, плиме енергије и осећања слободе, кроз песму и управо песмом, Карвер исказује највишу тачку споја живота и поезије, која је означила и његове најсмиреније и, нажалост, последње године. *Волим све што ме увећава*, каже један Карверов стих, а то осећање је најближе језгру његовог доживљаја поезије, који се граничи са тихошћу и ћутањем, ослушкујући онај *људски шум* (како каже последњи редак његове приче „О чему говоримо кад говоримо о љубави") који у суштини остаје исти у целокупном његовом делу. Као да су поезија и проза две стране једног истог књижевног писма, једнаке лепоте и вредности.

Овај значајан избор од готово седамдесет песама превео је, са много надахнућа, Милош Комадина. Оно, међутим, што овако потребном издању недостаје јесте бар и најкраћи поговор који би указао на поједине збирке и њихове особености, одлике Карверовог поетског стварања у његовим различитим фазама, на значај ове поетике која и у прози и у поезији снажан ослонац налази у поетски схваћеним валерима језика. Инспирацију таквом приступу управо овај избор раскошно нуди.

СИМБОЛИЧКИ СТАЛАКТИТИ

Дела и дани монахиње Лавиније Јелене Шварц

Иако се ова поема, посвећена монахињи из Реда обрезања срца, чита као „књига дубоке вере", она ће од самог почетка исказати сложеност и неортодоксност поетског надахнућа Јелене Шварц (1948). Две уводне песме („Сестрино писмо издавачу" и „Хиподром") представљају снажан замах поетичке, религијске и метафизичке поставке која у мноштву савремених ауторских проседеа овај чини изнимним, али не и мање савременим. Слика Хиподрома, у којој се лирска јунакиња поистовећује са коњчетом у трци која му узима снагу и сестрино оцртање манастира у коме је Лавинија провела свој посвећенички век (а који је и подрум и чардак, „корабља хлистовска и осртво Божје", постоји у времену које је било „а биће га и јуче", наликујући имагинарном временском и просторном сатју, створеном неким сабраним, ирационалним оплођењем) јасно представљају ситуацију осујећеног и осетљивог субјекта, затомљеног егзистенцијом, који, како то каже Елијаде, као историјско биће, носи у себи и велики део онога човечанства који постоји пре и изван историје. Читава поема Јелене Шварц окренута је обасјању ове незагубљене плодоносне сфере човековог бића, која у најдубљим фундусима несвесног, имагинарног и симболичког, као недискурзивног, изнедрује, за данашње појмове, новог човека у коме живи стварност што се не може досегнути профаним планом егзистенције.

Јелена Шварц се, наиме, подухватила да *реч*, која данас „звони као копито", и облик, који од древности представља симболички план пунине и светости постојања, у суштини, дакле, реч-тело „пуно благодати и истине" (Јован, 1, 14) што се „усели у нас", врати у човеково биће као архетип и идеалитет, у исти мах. Она ју је стога морала повести, кроз страдања и жртвовања поданице оног реда која разбија своје срце да би остварила, из напрслине свога бића, и света лишеног своје консупстанцијалности (метафизичке компоненте, идеала духовних и светлих региона изнад и изван „металних паока" о којима пева) тамо где, од прапочетка посвећена, та реч значи божански дух, у љубави, и истини. Та истина, чија је природа у епифанијском посведочењу, по себи, или пак у човековом осећању божанског присуства, у космичкој објави или самоспознању, или у путу просветљења, мистични је доживљај који чува просторе тајанства и најдубље интиме посвећења, и значи оно обрезање срца и обрезање духом, који од прве кабалистичке искре, у понору, инспирише ову песникињу да веже то безмерно духовно, али и емотивно, чак и екстрасензорно, заумно таласање, пуно жртве и узвинућа, за најприснији доживљај вере без храма (изванредна симболика невидљиве врећице у песми „Моја молионица"), да га од апостолских начела (Павла и Јована) доведе до контекста доживљаја божанског у Учитеља Екхарта, да га узвине у монашки и птичји, асишки регион, да у идеју драговољног жртвовања извора љубави, и живота (срца, „алевог зрна") утисне архетип рођења из посвећене смрти (чему су посвећене најлепше песме збирке) и да путу од Рождества до Пасхе (како гласи поднаслов књиге) дâ и шири обзор повратка у божанско и космичко, где, као иза таме срца твари, срца самог, извире нова светлост.

Читави снопови значења које изводи Јелена Шварц из своје симболике елемента (воде, ватре, земље, ваздуха) у значењу космичког зачетка и кружења, прочишћења и успостављања животодарног устројства између човека, природе и божанске силе, до урањања у мистички и алхемијски предзнак необичних бића (*вукодлав, медвед*), соларне и лунарне енергије, хтонског, земног и божанског (*вук*, симбол тешко обуздане силе, али и светлости, или *лав*, индијска објава речи, симбол Христа сунца и исцелитеља) ублажују оштре ивице метафизичког дуализма, и сугеришу двојност људске и божанске природе, реалног и тајанственог, конотативну спрегу јина и јанга, присуства таме у светлу, и светла у тами, и флуидну зенбудистичку игру привида и стварности, која у скрушењу, сиромаштву, невидљивости и „празнини“ носи најпунији дотицај божанске суштине. Као носиоци читавих духовних перспектива кроз историју човечанства, ови снопови значења надрастају дрво „пуно стаклених суза“, што „раскошно-језиво цвета“, добијајући значење *куūле* и њеног испуњеног, жртвено/дарујућег микрокосмоса којим се задобија један тоталитет, а осваја нови. Снажни примери да, и када досегне ангелски пој, пој склада, песникиња не заборавља несношљивост „рашчешаног живота“, ни исконску пуноћу „тамноцрвеног мора“ из чије ће се дубине, као из шпиље, поново зачути крик, чин притицања, самоспознајом и саможртвовањем, гесту обнове, уобличења човековог новог живота, рађању нових форми, о чему сведочи симболичка разуђеност реинтегрисаног архетипа, али и и смело вођена мисао специфичног ауторкиног знања и дара.

Песнички глас Јелене Шварц, високо уважен у свету, а све присутнији и на руској сцени, упознајемо захваљујући новопокренутој библиотеци часописа *Источник*, и преводу који потиче из дубоко сарадничке и плодне духовне ауре Злате Коцић.

ПЛАМЕН СТРАДАЊА
И ПРОЧИШЋЕЊА

Сведоци Ане Бландијане

„Полемички дух, храбра“, стоји у *Анūолоūији румунске ūоезије* објављене у нас 1991, уз име Ане Бландијане (1942). Књига њених изабраних песама употпуњује, овом приликом, дубљом могућношћу књижевне валоризације, овај кроки. Шира белешка за списатељицу која је објавила десет песничких збирки и чија је реч често била забрањивана у време Чаушескуовог режима (коме се, међу првима из редова писаца отворено супротстављала) могла би да гласи: песник необичне чулности, још необичније спиритуалности, високог стваралачког соја (Хердерова награда 1982), и, одиста, полемички дух, храбра.

Из преплитања ових одлика проистиче без сумње и набој пунокрвности поезије која задивљује снагом и непопустљивошћу својих идеала: поетске речи као савести времена, али и стваралачког интегритета који значи и више од сведочења, у повлашћеним регионима постојања и делања који се не бране, јер превазилазе Одбрану, а који, у својој аутохтоности и аутономности истовремено нису разрешени функције покретачког *кључа* у „зарђалој брави“, оног временског сегмента који им додељује „Историја успоритељица“, како би рекла Бландијана.

Тај непосредни сегмент стварности исказује се, међутим, у песничком доживљају Ане Бландијане као дубоко озлеђење стваралачког, индивидуалног, усмеритељског права маштара-творца, носиоца огледала, голуба-писмоноше, наднесеног над своје време, који, спајајући исконско са будућим, постаје преносилац тајне великих *стваралачких метаморфоза*, а тиме и дамара васколиког света. Бландијана пак свет осећа у живој драми расточења његових примарних закона постојања, подељеног ванприродним разврставањем на кривце и судије, џелате и жртве, испарцелисаног забранама и заставама што у бексрајној тиранској ускогрудости и заслепљености успевају да победнички вијоре и на самим вешалима, заустављајући време у преболном и преболесном процепу, трујући га и успављујући „токсином страха“, гушећи га наказношћу својих непроточних форми и кошмаром својих празнина.

Своје време Бландијана види као умножену слику човекове деградације, потпуног пада што кулминира „падањем људског ужаса“ (у антологијској песми „Душмански пада снег“) и што целокупну песничку визију света Бландијане прибија уз „ветрове небића“, у којима је, заправо, најдубљи извор цивилизацијског „квара“ једнако потхрањиван одсуством побуне колико и самом драматургијом тиранског, затирућег мрака. У посвемашњем хаосу и злу Бландијана одлучно тражи „поглед очи у очи“, прецизност и неумољивост дијагнозе, храброст неучествовања у времену изокренутих сказаљки, али и стваралачку моћ, „буђење из мртвих“, финоћу повезивања нити прастарог ткања, снагу исцелитељства и преброђења таме, етичку и стваралачку моћ трансценденције зла и злом усмереног расцепа у човеку самом.

Та формула у Бландијане у себи иманентно садржи уметничке императиве неодустајања од истине, којима су посвећени убедљиви и потресни диспути о поезији „из страха ненаписаној“, као и о недостатку истине у поезији („Торквато Тасо“, „Пар“), као два лица могуће стварности чије сучељавање даје, у оваквим семантичким песмама-паровима, најнеобичније ауторске исказе о уметничком послању, као што у другим примерима говори о пуном замаху поетског маштања, летећим црквама најдубљих индивидуалних светилишта, о сновању „прелепог преврата“, о галијама које подривају леднике кеопсовске бесмртности, о неподкупивој светлости, о сну као најбезазленијем али првом гесту побуне што почиње „једноставним спуштањем трепавица“. У подножју најжешћих али и најсуптилнијих побуна Ане Бландијане стоји жудња за обичном, самозаштићеном људском егзистенцијом у свакидашњем и свагдашњем љубавно-непријатељском загрљају времена који држи овај свет, из чије се људске смртности „која није за вечност“ обнавља живот, као што се из уметничке потпуности сведочења и сновања обнавља Стварање.

Поетска реч Ане Бландијане означава судар светова који за ову песникињу значи и нову могућност дијалога, нови витализам у измирењу митског пораза и квара цивилизацијске машине. Та реч је страшна и радосна, она носи ватру страдања и пламен прочишћења; напоредност питања и одговора, зачуђујућу новину и древност порука, чађ трошног и несагоривост транспарентног; шкргут и милозвучност необичног израза, који раствара просторе пред собом љубавном снагом песника чије се речи *заљубљено паре / да би родиле укоре* над покорама овог света.

ПРОСТОР КОЈИ ЛЕТИ

Дидроова мачка Михаела Кригера

Када савремени песник попут Михаела Кригера (1943) опојно разуђену и гипку песничку нарацију опрема благо озраченом интелектуалном арматуром, то је знак стварања оне духовне авантуре која лирику уздиже изнад игре тренутка и која, у овом случају, суптилношћу свог диспута – читавом скалом упитаности, скепсе и зебње – и само промишљање стваралачког ангажмана доводи до непосредне уметности „превођења чудâ“. Један од највидљивијих резултата садржан је у преобраћању суморне константе („садашњост са својим одсеченим мишљењем“) у ток и замах вишег реда, чиме се, на многоструко интригантан, слојевито метафоричан начин, брани и једна од кључних поетичких идеја овог песника – да постоје стварности које се разликују од живота – уколико је тај живот *поредак који разара наш поглед, / навикнут на наше столеће.*

Укорењеност у столеће за Кригера је прилика да оштро ослика његов исцрпени простор, и да се иронично окрене против укорењености у сваку стриктност, безбедност, поучљиво или наредбодавно изнете као самодовољни наук, или пре као маску за свет пољуљаних и „сметених истина“ које су помутиле и древна човекова врела као што су заклониле и пољуљале његове хоризонте. Савремени летови показују се кратког даха, јер су им дестинације за прошлост и будућност укинуте. Расправљајући стога о свим варијететима историјског који заробљују саму историчност, нагон за променом и путовањем кроз време, Кригер развија и своју теорију слика, омеђеног времена, и своју историју раја, као обрубљене светлости која негира историју светлости и отвара поглавље извесне будућности сенки. Тиме се Кригер у низу најуспелијих песама, које често попримају вид поема, враћа својој основној тези о заклоњеном простору као анђелу који себи сасеца крила. Рајске визије добијају притајени подтекст у негативној семантици ка којој се скотрљала њихова неразвојна заокруженост: филозофија поузданости иронично се преобраћа у „упутства за умирање", уметност се скрива иза речи, светлост испод таме, стварност испод коре која нагриза живот.

Од свих историја, Кригер је понајпре за ону која понављање замењује следом, која у живахном покрету светлосних честица рекапитулира историју фотографије – то непогрешиво регистровање сваког покрета, ефекта, геста, као сведочанства о неком дубљем и даљем животу, враћеном смислу узрока и циља којем ће тек долазећи тренутак подарити ауру и плодоносни одјек (*Постоје фотографије са дужом историјом / но што је историја фотографије*). У игри Кригеровог противстављања тражи се и *документ* и *чин*, превазилажење пуког регистровања искуства и знања (факта), али и довршености (слике). Кригеров песнички импулс и његова идеја налажу интригу, ону *рупу* у слици, хитар *пролаз* кроз светове, пре но што они остану непомерљиви, беживотна позлата рајева који тону. Кригеров благо интонирани концепт очувања духовних хоризоната, иманентне слободе као права на животворну и стваралачку промену, одабира дифузну светлост једног савременог путујућег партенона, чије „свезнање" повезује „фрагменте које су слике узеле из света", али који истовремено представља и кућу части, у којој су видне и подстицајне потпоре: *чврсте линије у матици живота, / коју би било могуће сагледати без стида.*

Са нервом одговорног песника који не би могао говорити о промени и о будућности а да не сугерише свој „пронађени језик", Кригер сугерише заправо преокренуту семантику: уместо симулираних покрета тражи темељност и дослухе, уместо лажних идентитета непатвореност, и надасве, једноставност чудесног – живота у његовим стваралачким метаморфозама, уметности у њеном зачараном простору који уме да лети, јер попут птице Додо *чува сећање, види оно / што ми једва још видимо, / у омотачу очекивања / што се испуњава само једном.*

Данашњици, у којој је све већ приказано, он прижељкује токове дубље од приказања̂, а покушају човека да се одреди не оспорава страхове већ „запуштен поглед" и ароганцију самодовољности са којом распарчава последње изданке сенке једног већ готово непостојећег стабла.

МЕХАНИЗАМ КОЈИ СЕ ОСМЕХУЈЕ

Рођен у утопији Штефана Аугустина Дојнаша

Након књига *Акваријум* (1982) и *Пијач росе* (објављене поводом Европске награде за поезију која је Дојнашу додељена 1990) угледни румунски песник, есејиста и преводилац, поново је међу нама. Неконвенционални откривалац и пијач аутентичних и неукроћених поетских врлина Петру Крду новим избором је узнастојао да наглашеније истакне *аутентичну снагу лиричности* овог песника који припада генерацији Јона Карајона и Никите Станескуа (о песниковим почецима сведочи награђена рукописна збирка што датира још из 1947) али у исто време и ауторов *непомирљиви смисао есејистичког и интелектуалног промишљања*, посведочен колико у реалном животу (Дојнаш је умео седамнаестогодишњом ћутњом да одговори *налозима* литератури, као и да се непосредно суочи са хаосом историје и жестином власти), толико и непрекидним и живим односом према песничком писму, у коме овај песник види не само огледало, већ и изворише истине и реално поприште егзистенцијалне слободе.

То потврђује и селекција стихова ове књиге, с разлогом смештена између „Акваријума" и „Брода лудака", две изузетне песме које европском елоквенцијом и интертекстуалном спрегом са оним стваралачким гласовима што постојање слободе исказују *домовином језика*, покретном барком, која може отрпети изгонство и ћутњу, али не и недостатак самообасјања, потирање унутарњег смисла песме. При томе је у Дојнашевом песничком писму исто толико видна животна отпорност и самобитност која чини не само ону оформљеност и изражајност коју препознајемо као традицију румунске поезије (са кореном у фантастици, елементима надреалног из народне баштине), већ и предрагоцену стваралачку смелост која чини, сада већ као традиција модерне румунске поезије, самобитност сваког појединог песника чији нам се утицај и значај чине по себи узорним. У другу страну Дојнашевог песничког рукописа уписано је са истом снагом и разуђеношћу његово огромно преводилачко искуство које, залазећи много векова уназад у европску песничку традицију, посебно занимљиво прелама размеђе нашега века. Довољно је у том погледу сетити се, када се има у виду песма „Брод лудака", „Пијаног брода" Артура Рембоа (написаног 1872) па наслутити ту драматичну повест самог песништва која чини једну од прикривених подлога необичног и надасве узбудљивог Дојнашевог песништва. Оне „страховите очи лађа – робијашница", које више никуда не плове већ утамничују, из Рембоове песничке повести о благослову Буре и слободне пловидбе, заувек се настањују у Дојнашевој несаничној опседнутости страхом од утамничења човека у самом човеку, од утамничења песме. Из те будности и стрепње, уједно и из топле обгрљености самог феномена непатвореног споја слободе стварања, мишљења и бивствовања, сав песнички живот Дојнашев истраживање је облика̂ у којима живи песничка истина која одражава потпуни смисао, *естетичко* и *етичко* покриће песме. Ту прелепу, замуклу али речиту реалност, која се оглашава у тами попут свитаца и звезда (*с оне стране прага / мога боравка*) и која је увек могућност двоструког вида, увећаног попут стакла лупе, Дојнаш је од раних песама попут „Акваријума“ или „Пишем светлошћу“, осматрао једнако *брижљиво* и *непоштедно*. Налазио јој је уточиште у најскровитијој тами пећине, у „оклопу кога штити чуђење“, негујући је као светлост првог реда, невину, „од лана младог песника“, да би је потом калио у пустињама и историјским каскадама, „где време стално пада“, учио је језику камених цветова, привиду слепила, „ужасној срећи“, да буде *утварна* и *моћна* као свуда присутна опомена, или пак *моћна* и *пламена* у свету утвара. Учио ју је да гледа, попут слепих, *додиром*, спознањем човека – „сина смрвљиве материје“ – у писму самог праха, да би умела да прогледа дубином пророчке мудрости и времена што „прети и обећава“, из чијег се тамног вилајета може спасоносно уздићи само уз стално кајање за све што није у потпуности сагледала и собом узнела.

Из снажних сензација које прате судбину субјекта што себе назива *ја-пепео*, из невидљиве стаклене оси, бескомпромисно се одбацује талог сувишности а наносе свеже боје, дахом невидљивих уста чији је смисао да искажу дисање себе и дисање света. Дојнаш је изнеговао свој прозирни штитник песме, невин и обесвећен у исти мах, нерђајући заштитни оклоп, обрастао свим човековим гресима што на њему старе и рђају, своју баладу о пролазном, али и невидљиво очврсли стих у чије зидове је зазидан сам дах/творитељ. Непрекидно хранећи то чудо нежности и отпора које назива песмом, укусом егзистенцијалне суровости, удовима којима ће научити да плива и устима која порађају транспарентност и уверљивост неисказивог, Дојнашева поезија се, преко „Великог епиталама“ посебно, огласила као велико љубавништво са светом свемогућности песме: *не растављај / прсте / љубави моја: / да птица не одлети / са твог длана / ни зрнце песка / да ти не падне / у шаку / као у претећој колевци / чувај ми / све шансе / неокрњене.*

Снагу модерног мишљења у поезији Дојнашу подарује свест о тој „претећој колевци“, чије се границе могу у двојном погледу лупе избрисати и затомити, или бити сасвим угрожене, разбијене спољашњошћу. Сечиво мача дели његову свест о историчности и празнини безвременостИ, стога је прво увек присутно у естетичкој чистоти потеза другог, а празнина је надвладана муцавим, спотичућим језиком стварносног, апстрактност пак љупко насмешена гротескној материјалности, као што је непреводива искуственост израсла у вечити писак пауновог зова Дојнашеве лирике. Тај зов је онај отаџбински крик апатрида чији се брод разједињује, разбијених бокова, са *азбуком отпадака* који чини јединӣ бродски и животни карго. „Акваријум“ и „Брод лудака“ међусобно повезује *муцави језик мочваре* и *муцтави логос*, напредак у ћутању, аванзовање у лудилу и отпору, и, сасвим у духу Дојнашевих оксиморона, у нежном привијању уз врат птице које нема („Између мене и брата“), у неразвијеном свитку огњених слова Библије која још не постоји, а рађа се *„на струду Бића“*, одлепљеног од отаџбине, од реалности тла чију слику носи у свом неутаживом писку.

Не постоји та могућност у коју Дојнаш није сместио пламени корак човека лишеног сваке наде, сем вере у Песму као „Срећку која добија“. Њен унутарњи простор је спој поезије и егзистенције, прозрачност која није у решеткама, јер опстаје, „као амбис слепљених усана“.

Између апсурда и смисла њена је суштина, језик који упија страдални ход и из трпљења рађа своја ваздушна, (с)нежна створења утамниченог битка. Бисер изнегован гуком у грлу.

Импонује стострука прострељеност скепсом, сарказмом, суптилношћу и озареношћу Дојнашевог испитујућег и страственог хода кроз поезију, историју човекове *немоћи* и *надмоћи*. Његово загледање у форму, пуно наде и поломљених зуба – у устима која жуде неутамничену прозирност, преносиво наслеђе света поетских истина.

Библиографија

Албахари, Давид: *Кратка књига*. Време књиге, Београд, 1993.

Албахари, Давид: *Пелерина*. Библиотека „Раскршћа". Књижевна омладина Србије, Београд, 1993.

Арсенијевић, Владимир: *У потпалубљу*. Роман. Рад, Београд, 1994.

Башо, Мацуо: *Остаци нестварног живота*. Приредили и са јапанског превели: Хироши Јамасаки–Вукелић и Срба Митровић. Библиотека „Мацуо Башо". Оџаци, 1994.

Бландијана, Ана: *Сведоци*. Песме. Изабрао и с румунског превео Петру Крду. КОВ, Вршац, 1993.

Брауерс, Јерун: *Пригушено црвено*. Роман. С холандског превела Оливера Петровић. Прометеј, Нови Сад, 1993.

Бузи, Алдо: *Љубав је нежно црево*. Флерт са Лиалом. Роман. Превела са италијанског Јасмина Тешановић. ИП „Светови", Нови Сад, 1993.

Валенсуела, Луиса: *Промена оружја*. Приче. Превела Ксенија Билбија. Библиотека „Реч и мисао". Рад, Београд, 1994.

Велмар-Јанковић, Светлана: *Врачар*. Библиотека „Знак", књига 1. Просвета, Београд, 1994.

Гаскојн, Дејвид: *Песме*. Изабрао и са енглеског превео Иван В. Лалић. Издавачи: Цицеро (Београд), Писмо (Земун) и Матица српска (Нови Сад), 1993.

Данојлић, Милован: *Година пролази кроз авлију*. Проза. Српска књижевна задруга, Београд, 1992.

Дојнаш, Штефан Аугустин: *Рођен у утопији*. Изабране песме. Изабрао и превео Петру Крду. Библиотека „Реч и мисао". Рад, Београд, 1994.

Јеленковић, Саша: *Херувимске тајне*. Песме. Нолит, Београд, 1994.

Калвино, Итало: *Невидљиви градови*. Са италијанског превела Јасмина Тешановић. Издавач: ДеведесетЧетврта, Београд, 1995.

Карановић, Војислав: *Записник са буђења*. Песме. Матица српска, Нови Сад, 1989.

Карановић, Војислав: *Жива решетка*. Песме. Матица српска, Нови Сад, 1991.

Карановић, Војислав: *Стрми призори*. Песме. Матица српска, Нови Сад, 1994.

Карвер, Рејмонд: *Песме*. С енглеског превео Милош Комадина. Матица српска (Нови Сад), Цицеро (Београд), Писмо (Земун), 1994.

Кнежевић, Марија: *Елегијски савети Јулији*. Песме. БИГЗ, Београд, 1994.

Комадина, Милош: *Воде или ветрови*. Заједница књижевника Панчева. Панчево, 1994.

Коцић, Злата: *Ребро*. Песме. Нолит, Београд, 1993.

Крду, Петру: *У цркви Троја*. Песме. С румунског превео Владимир Зорић. Рад, Београд, 1992.

Кригер, Михаел: *Дидроова мачка*. Изабране песме. Превели са немачког: Дринка Гојковић, Бранимир Живојиновић и Вирџинија Паску. КОВ, Вршац, 1993.

Лазић, Радмила: *Историја меланхолије*. Песме.БИГЗ, Београд, 1993.

Ловел, Роберт: *Делфин*. Изабране песме. Приредио Срба Митровић. Издавачи: Матица српска (Нови Сад), Цицеро (Београд), Писмо (Земун), 1994.

Лундквист, Артур: *Букет жена*. Песме. Разговори. Превео са шведског Мома Димић. Библиотека „Преводи", књига прва. Крајински круг, Неготин–Београд, 1995.

Митровић, Срба: *Жалба*. Песме. Светови, Нови Сад, 1993.

Мишо, Анри : *У земљи Магије*. Песме у прози. С француског превео Јовица Аћин. Библиотека „Атлас ветрова". КОВ, Вршац, 1993.

Најкраће приче на свету. Приредио Давид Албахари. Цицеро, (Београд), Писмо (Земун), Матица српска (Нови Сад), 1993.

Недељковић, Живорад: *Мајка*. Песме. БИГЗ, Београд, 1994.

Павковић, Васа : *Конверзија*. Песме, стихови. КОВ, Вршац, 1994.

Павковић, Васа: *Несигурност у тексту*. Песме. Просвета, Београд, 1994.

Павловић, Живојин: *Кришке времена*. Приповетке. Просвета, Београд, 1993.

Петровић, Горан: *Атлас описан небом*. Матица српска, Нови Сад, 1993.

Раичковић, Стеван: *Златна греда*. Проза. Српска књижевна задруга, Београд, 1993.

Растегорац, Иван: *Лудо говедо*. Песме. Заједница књижевника Панчева. Панчево, 1993.

Ристовић, Александар: *Хладна трава*. Песме. Матица српска, Нови Сад, 1994.

Ристовић, Ана: *Сновидна вода*. Песме. Књижевна омладина Србије, Београд, 1994.

Симић, Чарлс: *Хотел Несаница*. Песме. Са енглеског превео Владимир Пиштало. КОВ, Вршац, 1994.

Симовић, Љубомир: *Игла и конац*. Песме. Српска књижевна задруга, Београд, 1992.

Симоновић, Симон: *Снови на окупу*. Песме. Библиотека „Кључеви“. Рад, Београд, 1993.

Тадић, Новица: *Крај године*. Изабране и нове песме. Културни центар Новог Сада и ЛДИ. Нови Сад, Ветерник, 1993.

Тодоровић, Мирољуб: *Гласна гаталинка*. Песме. Просвета, Ниш, 1994.

Тонтић, Стеван: *Сарајевски рукопис*. Песме. Време књиге, Београд, 1993.

Угринов, Павле: *Savon de Fleurs*. Роман. БИГЗ, Београд, 1993.

Урошевић, Драгиња: *Јелена Анжујска*. Песме. Српска књижевна задруга, Београд, 1994.

Урошевић, Драгиња: *Небеска преља*. Песме. Заједница књижевника Панчева, Панчево, 1994.

Хини, Шејмас: *Песме*. Превео Срба Митровић. Цицеро (Београд), Писмо (Земун), Матица српска (Нови Сад), 1993.

Холан, Владимир: *Бол*. Изабране песме. Изабрао и са чешког превео Петар Вујичић. КОВ, Вршац, 1993.

Ћирјанић, Гордана: *Горка вода*. Песме. Просвета, Београд, 1994.

Ћирјанић, Гордана: *Писма из Шпаније*. Библиотека „Данас“. Матица српска, Нови Сад, 1995.

Шапоња, Ненад: *Одрази варке, или огледало у две душе*. Песме. Прометеј, Нови Сад, 1993.

Шварц, Јелена: *Дела и дани монахиње Лавиније*. Песме. Превела Злата Коцић. „Искони“, Библиотека часописа Источник. Београд, 1994.

Белешка о писцу

Тања Крагујевић (1946) дипломирала је и магистрирала на Групи за општу књижевност са теоријом књижевности у Београду.

Пише поезију. Аутор је десет песничких књига, међу којима су и *Осмејак омчице, Дивљи булевар, Мушка срма*, објављене 1993. Најновије збирке поезије *Осмејак под стражом* и *Душа трна* изашле су у издању вршачког КОВ-а и Просвете из Ниша, 1995, а збирка *Аутопортрет, са крилом* у издању Просвете из Београда, 1996.

Студију *Митско у Настасијевићевом делу* објавила 1976.

Бави се есејистиком.

Добитник је неколико угледних књижевних награда – за поезију, есеј и критику.

Прву Књигу читања (избор критичко-есејистичких написа) под називом *Додир пауновог пера* објавила је, 1994. године, издавачка кућа Рад из Београда.

Друга Књига читања *Трепет и чвор* садржи критичко-есејистичке записе емитоване на Другом програму Радио Београда и објављиване на страницама књижевних листова и часописа (*Књижевне новине, Летопис Матице српске, Свеске*, магазин *Кошава*, подлистак за културу дневног листа *Политика* и други).

САДРЖАЈ

БЕЗ КАМЕЊА НЕМА ЛУКА

Тања Крагујевић
ТРЕПЕТ И ЧВОР
Књига читања 2

*

Главни уредник
ЈОВИЦА АЋИН

*

Лектор
МИЛАДИН ЋУЛАФИЋ

*

Технички уредник
ДУШАН ВУЈИЋ

*

Коректори
НАДА ГАЈИЋ
МИРОСЛАВА СТОЈКОВИЋ

*

Издавач
И. П. РАД, д. д.
Београд, Моше Пијаде 12

*

За издавача
ЗОРАН ВУЧИЋ

*

Припрема текста
Графички студио РАД

*

Штампа
ЗУХРА, Београд

CIP – Каталогизација у публикацији
Народна библиотека Србије, Београд

886.1/.2.09

КРАГУЈЕВИЋ, Тања

    Трепет и чвор : књига читања 2 / Тања Крагујевић. – Београд : Рад,
1997 (Београд : Зухра). – 155 стр. ; 20 cm. – (Посебно издање / Рад)

Белешка о писцу: стр. 151. – Библиографија : стр. 147–149.
ISBN 86-09-00471-6

82.09

а) Српскохрватска књижевност – 20в б)
Светска књижевност – 20в
ИД=55511820